신비한 별별 우주 탐험

교과서 속 과학을 쉽게 알려주는
138억 살 신비한 별별 우주 탐험
ⓒ 이화·정완상, 2021

초판 1쇄 발행 2021년 3월 10일
초판 2쇄 발행 2021년 8월 25일
초판 3쇄 발행 2023년 1월 20일

그림 이화
지은이 정완상

펴낸이 이성림
펴낸곳 성림북스

책임편집 홍지은
디자인 쏘울기획

출판등록 2014년 9월 3일 제25100-2014-000054호
주소 서울시 은평구 연서로3길 12-8, 502
대표전화 02-356-5762 **팩스** 02-356-5769
이메일 sunglimonebooks@naver.com

ISBN 979-11-88762-18-7   73440

* 책값은 뒤표지에 있습니다.
* 이 책의 판권은 지은이와 성림북스에 있습니다.
* 이 책의 내용 전부 또는 일부를 재사용하려면 반드시 양측의 서면 동의를 받아야 합니다.

138 억살 신비한 별별 우주 탐험

이화 그림 정완상 글

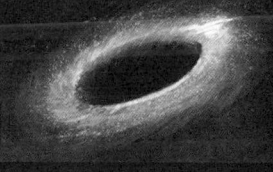

교과서 속 과학을 쉽게 알려주는 과학툰

성림주니어북

작가의 말

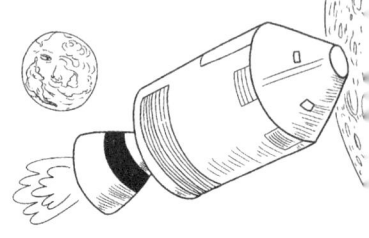

무한한 상상력 장착하고
우주 탐험하러 고고씽~!

이 책을 쓰면서 너무 행복했습니다. 오랫동안 어린이들을 위한 과학책을 써오면서 이번만큼 자유롭고 즐겁게 집필한 경험은 처음인 듯합니다. 이 책은 우주에 대해 처음 관심을 가진 초등학생들에게 초점을 맞추었습니다. 이 책의 가장 큰 특징은 형식을 조금 파괴하더라도, 재밌고 쉽게 읽을 수 있다는 것입니다. 마치 단톡방에서 채팅을 하는 것 같은 느낌을 주려고 채팅 형식을 사용했습니다.

작가는 1998년부터 2002년까지 유행했던 세이클럽이라는 인터넷 사이트에서 매일 과학방을 만들어 어린이들과 타임머신, 블랙홀, 별 등에 대해 이야기를 나누었습니다. 작가가 물리학과 교수라는 사실은 숨기고 말이죠. 많은 아이들과 과학에 대해 이야기를 주고받으며 어떻게 설명하는 것이 아이들의 눈높이에 맞을지, 또 어떤 부분의 과학에 대해 재밌어하는지 알게 되었습니다. 그 경험은 2004년부터 어린이들을 위한 과학책을 150여 권을 쓸 수 있었던 밑바탕이 되었습니다.

우주에 대한 호기심만으로도 최고의 과학자가 될 수 있어요!

오랜 세월 블랙홀과 우주에 관해 연구하면서 '여백의 미'라는 단어를 좋아하게 되었습니다. 너무 완벽한 교재나 논문보다는 연구할 거리가 있는 책이나 논문을 찾아보고 새로운 연구에 대한 동기부여를 하곤 했습니다. 이런 경험은 작가에게 과학자로서 수많은 과학 현상들을 연구할 수 있는 사명감을 심어주었습니다.

우주에 관한 책은 셀 수 없을 정도로 많습니다. 하지만 이 책에는 초등학생이 궁금해 하고 알 수 있을 만큼의 내용만을 담으려고 노력했습니다. 아마도 이 책을 읽고 나면 "내가 바로 초등학생 우주 과학자다!"라고 자신 있게 말할 수 있을 것입니다. 사실 이 책에는 어려운 과학 이론이 많이 나옵니다. 예를 들어, 공기를 뒤로 내보내면 풍선이 앞으로 가는 원리인 '운동량 보존 법칙', 빛의 속력에 가깝게, 빠르게 가면 미래로 간다는 아인슈타인의 '특수상대성 원리' 등이 나오지만, 그런 이론들을 배우기엔 추가적으로 알아야 할 내용들이 너무 많아서 설명하지 않았습니다. 너무 많은 정보의 나열보다는 약간의 여백을 통해 신비로운 현상을 직접 느껴보는 것이 훨씬 더 중요하기 때문입니다. 그런 체험을 하고 나면 분명 중·고등학생이 되었을 때 또는 대학생이 되었을 때 좀 더 자세히 공부하고 싶어질 것입니다. 이 책을 읽은 여러분이 자라 중학생이 되고, 고등학생이 되어 특수상대성 이론에 대해 알기를 원한다면, 작가는 유튜브 등의 채널로 강의할 것을 약속하겠습니다.

과학에 대한 첫 번째 경험은 쉽고 재밌어야 합니다. 이 경험은 좀 더 어려운 내용에 도전할 수 있게 합니다. 첫 경험이 너무 어렵고 지루하다면 과학에 대한 흥미를 일찍 포기할 수 있다는 게 작가의 생각입니다. 그래서 초등학생들이 우주 과학에 대한 흥미와 관심을 가질 수 있도록 정보의 홍수를 제어하려고 노력했습니다. 이 책에 없는 정보들은 여백의 미로 여기고 스스로 찾아보는 즐거움을 느끼길 바랍니다.

우주의 비밀은 지금도 계속 밝혀지고 있어요!

우주에 대한 수치들은 매년 달라질 것입니다. 제가 어렸을 때, 우주의 나이는 200억 살이라고 배웠습니다. 그러다가 150억 살로 줄어들더니, 몇 년 전까지만 해도 우주의 나이는 137억 살이라 했습니다. 최근 좀 더 정확한 관측과 우주의 모형 방정식에 의해 우주의 나이는 138억 살이 되었습니다. 하지만 이것 역시 관측 데이터가 많아지고 우주에 대한 이론이 좀 더 정확해지면 또 달라질지도 모릅니다. 그러므로 우주 과학에서 수치들은 큰 의미는 없습니다. 태양계에 대한 정보도 매년 업데이트되고 있습니다. 아직 인간이 착륙한 행성은 하나도 없는 현실에서, 행성 표면과 대기에 대한 정확한 정보를 얻는 것은 너무도 어려운 일입니다. 특히 천왕성이나 해왕성처럼 지구에서 먼 행성들에서는 더 많은 것이 베일에 감춰져 있습니다.

한 예로, 해왕성에 다이아몬드 바다가 있다는 것을 믿는 과학자도 있고 반대하는 과학자도 있습니다. 믿는 과학자는 해왕성과 비슷한 환경의 실험 장치를 통해 액체 상태의 다이아몬드가 만들어지므로 해왕성에 다이아몬드 바다가 있다고 주장합니다. 어느 쪽이 옳을지는 해왕성에 탐사선이 착륙해 영상을 지구에 보내와 봐야 알 수 있습니다. 행성 표면에 탐사선이 착륙한 곳은 현재까지 화성 하나에 불과합니다. 지금의 우주 과학의 현주소입니다. 여러분이 어른이 되어 과학자가 되었을 때는 모든 행성에 탐사선이 착륙해 표면을 여행하면서 영상을 지구로 보내는 일이 실현될 수 있으리라 믿습니다. 우주 과학은 현재까지 알려진 정보가 완전히 뒤집힐 수 있다는 것을 여러분에게 말하고 싶습니다. 그래서 더 흥미진진한 연구 분야이기도 하고요.

초등학생들은 과학뿐만 아니라 많은 것을 배우고, 많은 책을 읽고, 좋은 생각을 많이 가져야 합니다. 여러분이 이 책을 읽으며 과학자를 꿈꾸며 앞으로 나아갈 때, 언제든지, 어떤 채널을 통해서든지 작가는 여러분에게 좀 더 많은 내용을 알려드릴 것을 약속드립니다. 이 책에서는 부디 작가가 말하는 '여백의 미'를 통해 우주에 대한 풍성한 상상을 하길 바랍니다.

이 책을 기획해준 성림주니어북의 모든 분들에게 감사드립니다. 특히 아름답고 재미있는 그림을 그려준 이화 님에게 감사를 드립니다. 애니메이션에서는 당연하게 들을 수 있지만, 책에서 처음 시도하는 주제가를 만들면서 너무 신이 났습니다. 제가 쓴 글에 곡을 붙이고 다시 편곡해 주제가를 완성한 천재 뮤지션 김바나나와 아름다운 목소리로 노래를 불러준 김예은 양에게 고마움을 표합니다. 감사합니다.

경상남도 진주에서 정완상

추천글

우주여행 시대를 마주할 미래 세대에게 꼭 필요한 우주과학 안내서!

인간은 늘 우주를 동경했습니다. 인간은 아주 오래전부터 밤하늘의 별을 보며 '우주는 어떻게 만들어졌을까'라는 질문을 품었습니다. 그 질문은 시대를 거듭하며 또 다른 누군가에 계속 이어졌고, 천문학이라는 학문이 등장했습니다. 급기야 20세기에 들어서는 지구를 벗어나 우주로 탐험을 떠나는 시대가 열렸고, 우주 탐험은 우리가 알고 있는 지금의 세상을 이해하는 데 지대한 영향을 미쳤습니다. 여러분이 마주할 21세기는 그야말로 우주여행의 시대입니다. 우주선을 타고 우주로 여행을 떠나고, 지구가 아닌 다른 행성으로 이주해 살아갈 겁니다. 본격적인 우주여행을 떠나기 전에 여행지에 대한 흥미로운 정보를 알고 간다면 여행의 재미가 배가되겠죠. 그간 우주 과학자들의 노력과 우주 탐사로 우리가 살고 있는 태양계에 대한 비밀이 많이 밝혀졌습니다.

이 책에는 태양계에 존재하는 행성들은 어떤 특징을 갖고 있는지, 광활한 우주에서 지구에만 생명체가 존재하는지, 우주는 어떻게 만들어졌는지에 대한 최신 정보가 가득합니다. 무엇보다 친근한 이미지의 인공지능 로봇들과 함께 게임을 하듯이 미션을 해결하면서 우주 과학에 큰 기여를 한 과학자를 발견하는 재미도 느낄 수 있습니

다. 천문학자 칼 세이건은 '어디선가 굉장한 무엇인가가 알려지길 기다리고 있다'고 말합니다. 누구에게나 자신만의 굉장한 무언가가 있을 겁니다. 이 책을 읽고 우주에 대한 호기심을 품고 미지의 우주를 탐험한다면 여러분도 굉장한 무언가를 발견하게 될 겁니다.

NASA와 함께 탐험한 아시아 최초 과학탐험가

문경수(Grady Moon)

추천글

진짜 우주를 여행하는 것 같아요!

정완상 교수님의 신간 소식을 듣고 마음이 무척 설렜습니다. 저는 평소에 정완상 교수님의 어린이 과학 시리즈들을 학생들과 재미있게 읽어왔습니다. 학생들의 수준을 고려한 맞춤식 설명도 훌륭하지만, 교수님의 책 속에는 누구나 좋아할 만한 톡톡 튀는 아이디어와 유머가 담겨 있어 제 눈높이에도 잘 맞았습니다. 교수님의 책을 매개로 학생들과 과학지식을 공유하거나 대화할 수 있어서 참 좋았습니다.

보통 과학 도서라고 하면 초등학생들에게는 어려울 것이라는 편견을 갖기 쉽습니다. 과학에서 사용하는 개념이나 용어는 학생들에게 전문적이고 생소하기 때문입니다. 그러나 어떤 방식으로 전달하느냐에 따라 학생들의 지적 호기심을 자극시키는 신비롭고 재미있는 영역이 될 수 있습니다. 초등학생들은 주로 판타지나 모험과 관련된 이야기, 친근한 캐릭터가 나오는 이야기에 쉽게 몰입하게 되는데, 『138억 살 신비한 별별 우주 탐험』은 이러한 요소를 모두 갖추고 있었습니다. 이 책 초안의 일부분을 맡고 있는 학생들에게 보여주었을 때, '진짜 우주여행을 하는 것 같다', '모험이 생생하다' 등의 피드백이 많았습니다. 그럴 수밖에 없는 것이 주인공들은 또래같이 귀여운 로봇이었고, 작품 속 이우주 박사는 정 교수님처럼 친절하고 재미있는 분이었습니다. 덕분에 친근하고 생생한 캐릭터를 가진 주인공들

과 함께 우주 속 세계를 마음껏 유영할 수 있었습니다. 특히, 인문학과 역사를 학습하는 로봇인 주인공 '코스피어'는 학생들의 인문학적 감성까지 만져주어 읽는 내내 감탄스러웠습니다.

『138억 살 신비한 별별 우주 탐험』은 과학 서적이지만, 지식만 전달하는 단순한 책이 아닙니다. 인물 중심의 이야기가 있고, 인문학과 역사적 맥락이 함께 어우러져 있는 생생한 우주 탐험기라고 할 수 있습니다. 어려울 것만 같은 편견을 깨고, '반전 매력'을 두루 갖춘 『138억 살 신비한 별별 우주 탐험』은 학생들의 지적 호기심을 채워줄 것입니다. 이 책이 '화성 이주 프로젝트'를 현실화하고 있는 괴짜 천재 '일론 머스크'와 같이 우주를 동경하고 사랑하는 학생들에게 즐거운 탐험기로 남기를 기대해봅니다.

조치원대동초등학교 교사

이운영

프롤로그

코스캔, 코스큐브, 코스피어 태어나다!

3000년, 대한민국 수도 서울.
천체 물리학 박사이자, 인공지능 설계자인 이우주 박사는 오랜 기간 연구한 시공간 이동장치인 '타이모어'를 드디어 완성했다. 또 인간과 거의 똑같은 지능과 감정을 가진 네 대의 로봇 '코스캔', '코스피어', '코스큐브', '모스'를 탄생시켰다. 이우주 박사는 인공지능을 학습해, 코스캔은 과학이론 로봇으로, 코스큐브는 실험 및 측정 담당 로봇으로, 코스큐브는 인문학 및 역사 담당 로봇으로 교육시켰다. 그리고 모스는 이들 세 로봇을 언제든지 도울 수 있도록 비서 로봇으로 훈련시켰다.

"자! 이제 과거로 여행을 한번 떠나볼까?"
이우주 박사는 흐뭇하게 미소를 지으며, 자신이 만든 네 대의 로봇과 함께 타이모어에 탑승했다.

"타이모어! 2021년 서울로!"

박사의 목소리를 인식한 타이모어가 작동을 시작했다. 위-잉 하는 소리가 박사의 연구실을 감돌더니, 곧 천장이 열리고, 타이모어가 위로 치솟았다.

"이제 웜홀로 진입합니다. 박사님!"

타이모어가 말했다.

"음, ……정신을 차릴 수가 없군!"

강한 중력장 때문에 박사는 눈을 뜰 수가 없었다. 갑자기 경고음이 울리기 시작했다.

"타이모어, 무슨 일이지?"

"모스가 탑승한 캡슐이 우주 공간으로 날아갔습니다."

"안 돼. 아직 착함 프로그램을 깔지 않았어. 모스는 현재 원인을 찾기 위해 초기화된 상태인데……."

박사는 심각한 표정으로 머리를 절레절레 흔들었다. 모스는 이상하게도 알 수 없는 오류가 나타나 꼭 필요한 로봇 삼대 원칙 프로그램을 설치하지 못했다. 사실 네 대의 로봇들은 모든 일을 자신이 스스로 할 수 있도록 초기 설정이 되어 있어서, 지금의 모스라면 다른 로봇 삼총사의 행동을 도와주는 게 아니라, 오히려 그들의 행동을 방해할 가능성이 훨씬 컸다.

"하, 어쩔 수 없군."

박사는 당혹한 표정으로 눈을 감았다.

주위가 조용해지고 타이모어의 기계음이 들리지 않자, 박사가 눈을 떴다. 박사와 로봇 삼총사는 여전히 자신의 연구실에 있었다. 하지만 유리창을 통해 보이는 풍경은 3000년의 모습이 아닌 2021년의 모습이었다.

목차

작가의 말
무한한 상상력을 가득 싣고, 우주 탐험하러 고고씽~! / 4

추천사
우주여행 시대를 마주할 미래 세대에게 꼭 필요한 우주과학 안내서! / 8
진짜 우주를 여행하는 것 같아요! / 10

프롤로그
코스캔, 코스큐브, 코스피어 태어나다! / 12

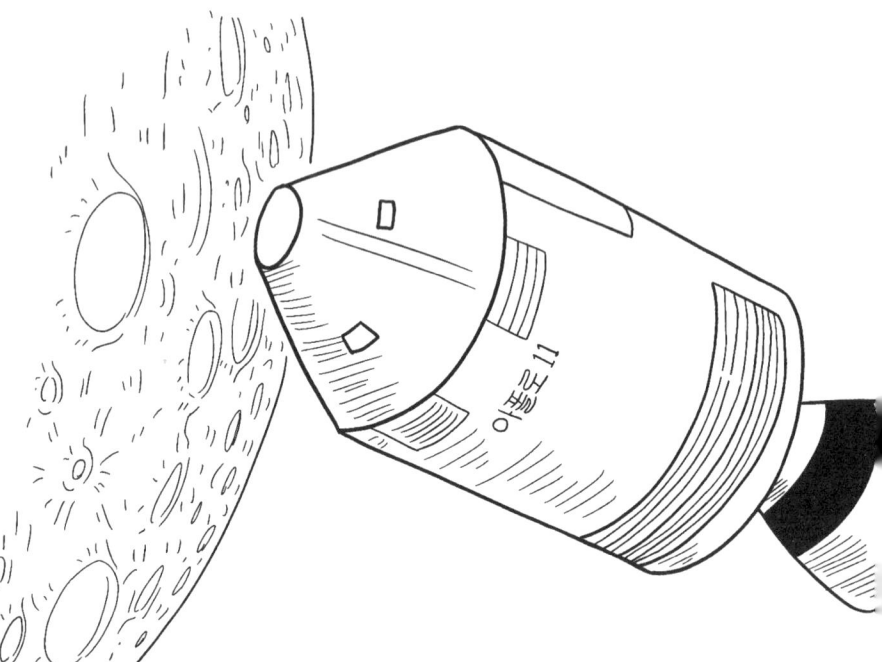

1부 우주여행 / 23

01 대포로 달을 여행한다고? / 26

02 방귀로 로켓 발명 / 33

03 무중력에서 방방 뜨자 / 39

04 미래 우주 도시! 스페이스 콜로니 / 49

05 공짜로 우주여행하자! / 54

06 돛단배를 타고 우주여행을 하자 / 60

07 동아줄 타고 우주로~ / 66

08 UFO 타고 온 외계인 ET / 73

09 누가 우주에 쓰레기를 버리는 거야? / 83

Project I. 우주여행 업그레이드 / 92

2부 태양계 탐사 / 93

01 수성 북극에서 스노보드 / 96

02 미의 여신, 금성 / 104

03 슈퍼 곰보 위성, 달 / 115

04 화성에서 환상의 스키 쇼 / 123

05 조각조각 부서진 소행성대 / 134

06 자이언트 행성, 목성 / 143

07 훌라후프 행성, 토성 / 153

08 하늘의 왕, 천왕성 / 164

09 바다의 신, 해왕성 / 174

10 카이퍼 벨트, 퇴출된 명왕성 / 183

Project II. 태양계 탐사 업그레이드 / 196

3부 우주 진화 / 197

01 옛날 사람들이 생각한 우주 / 200

02 푸른 하늘 은하수 / 210

03 우주 나이는 138억 살 / 220

04 빅뱅, '큰 꽝' 이야기 / 229

05 별! 넌 어떻게 사니? / 238

06 타임머신! 백 투 더 퓨처 2021 / 249

07 거대한 암흑 물질, 암흑에너지 / 261

08 평행 우주, 우리 우주의 미래 / 268

Project Ⅲ. 우주의 미래 / 282

에필로그 / 283

등장 캐릭터

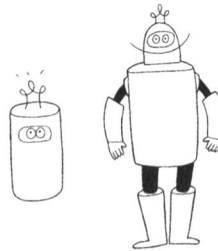

코스캔 (Coscan = Cosmos + Can)

- 원통 모양의 양자컴퓨터가 내장된 인공지능 로봇
- 과학 이론을 주로 학습함
- 변신 가능
- 침착한 성격

코스큐브 (Coscube = Cosmos + Cube)

- 주사위 모양의 양자컴퓨터가 내장된 인공지능 로봇
- 과학 실험 및 측정을 학습함
- 변신 가능
- 꼼꼼하고 수치에 밝음

코스피어 (Cosphere- cosmos + sphere)

- 공모양의 양자컴퓨터가 내장된 인공지능 로봇
- 인문학과 역사에 대해 학습함
- 변신가능
- 약간 엉뚱하지만 긍정적임

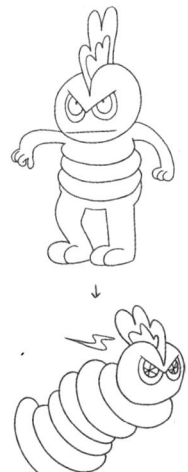

안티모스 (Anti-mos)

- 도우미 로봇으로 설계했지만, 로봇 삼대 원칙 프로그램 설치 오류로 방해 로봇으로 작동
- 양자컴퓨터 내장 인공지능 로봇
- 로봇 삼총사에 비해 인지능력 등 전반적 기능이 떨어짐
- 다소 난폭함
- 로봇의 삼대 원칙 프로그램을 끌지 않아서, 로봇 삼총사의 행동을 방해하는 프로그램이 작동됨

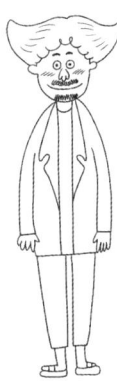

이우주 박사

- 로봇 삼총사 코스캔, 코스큐브, 코스피어와 안티모스를 만든 미래에서 온 천체물리학 박사
- 항상 지구의 미래를 생각함
- 엄하면서도 다정한 성격
- 로봇 삼총사의 업그레이드를 연구함

2015 개정 교육과정에 따른 초등 과학 학년별 교과연계표

3-1

교과 단원명	138억 살 신비한 별별 우주 탐험	영역	핵심 개념	내용 요약
1단원 과학자는 어떻게 탐구 할까요				
2단원 물질의 성질	1부 우주여행 2부 태양계 탐사 3부 우주 진화	물질의 성질	물리적 성질과 화학적 성질	물질은 고유한 성질을 가지고 있다. 요소: 물체와 물질/물질의 성질/물체의 기능/물질의 변화
3단원 동물의 한살이		생명의 연속성	생식	생물은 유성 생식 또는 무성 생식을 통해 종족을 유지한다. 요소: 동물의 한살이/완전·불완전 탈바꿈
4단원 자석의 이용	2부 태양계 탐사	전기와 자기	자기	물질은 자기적 성질에 따라 자성체와 비자성체로 구분된다. 요소: 자기력/자석의 성질
5단원 지구의 모습	1부 우주여행 2부 태양계 탐사 3부 우주 진화	고체 지구	지구계와 역장	지구계는 지권, 수권, 기권, 생물권, 외권으로 구성되고 각 권은 상호 작용한다. 요소: 지구의 환경

3-2

교과 단원명	138억 살 신비한 별별 우주 탐험	영역	핵심 개념	내용 요약
1단원 재미있는 나의 탐구				
2단원 동물의 생활		생명의 연속성	진화와 다양성	생물은 환경 변화에 적응하여 진화한다. 다양한 생물은 분류 체계에 따라 분류한다.
3단원 지표의 변화	1부 우주여행 2부 태양계 탐사 3부 우주 진화	고체 지구	지구 구성물질	지각은 다양한 광물과 암석으로 구성되어 있고, 이 중 일부는 자원으로 활용된다. 요소: 흙의 생성과 보존/풍화와 침식/화강암과 현무암/퇴적암
4단원 물질의 상태	1부 우주여행 2부 태양계 탐사 3부 우주 진화	물질의 성질	물질의 상태	물질은 여러 가지 상태로 존재한다. 요소: 고체, 액체, 기체 / 기체의 무게
5단원 소리의 성질	3부 우주 진화	파동	파동의 종류	음파는 매질을 통해 전달되는 파동이다. 요소: 소리의 발생/소리의 세기/소리의 높낮이/소리의 전달

4-1

교과 단원명	138억 살 신비한 별별 우주 탐험	영역	핵심 개념	내용 요약
1단원 과학자처럼 탐구해 볼까요?				
2단원 지층과 화석		고체 지구	지구의 역사	지구의 역사는 지층의 기록을 통해 연구한다. 요소: 지층의 형성과 특성 지질 시대를 통해 지구의 g hlksrud과 생물은 끊임없이 변해왔다. 요소: 화석의 생성/과거 생물과 환경
3단원 식물의 한살이		생명의연속성	생식	생물은 유성 생식 또는 무성 생식을 통해 종족을 유지한다.
4단원 물체의 무게	1부 우주여행 2부 태양계 탐사 3부 우주 진화	힘과 운동	힘	물체 사이에는 여러 가지 힘이 작용한다. 요소: 무게/수평잡기/용수철저울의 원리

5단원 혼합물의 분리	1부 우주여행	물질의 성질	물리적 성질과 화학적 성질	혼합물은 여러 가지 순물질로 구성되어 있다. 요소: 혼합물
				물질의 고유한 성질을 이용하여 혼합물을 분리할 수 있다. 요소: 혼합물의 분리/거름/증발

4-2

교과 단원명	138억 살 신비한 별별 우주 탐험	영역	핵심 개념	내용 요약
1단원 식물의 생활		생명의 연속성	진화와 다양성	생물은 환경 변화에 적응하여 진화한다. 다양한 생물은 분류 체계에 따라 분류한다.
2단원 물의 상태 변화	2부 태양계 탐사 3부 우주 진화	물질의 변화	물질의 상태 변화	물질은 온도와 압력에 따라 상태가 변화한다. 요소: 물의 상태 변화/증발/끓음/응결
3단원 그림자와 거울	2부 태양계 탐사 3부 우주 진화	파동	파동의 종류	빛을 비롯한 전자기파는 전자기 진동이 공간으로 퍼져나가는 파동이다. 요소: 빛의 직진/그림자
			파동의 성질	파동은 반사, 굴절, 간섭, 회절의 성질을 가진다. 요소: 평면거울/빛의 반사
4단원 화산과 지진	2부 태양계 탐사	고체 지구	판구조론	지구의 표면은 여러 개의 판으로 구성되어 있고 판의 경계에서 화산과 지진 등 다양한 지각 변동이 발생한다. 요소: 화산 활동/지진/지진 대처 방법
5단원 물의 여행		1부 우주여행	해수의 성질과 순환	수권은 해수와 담수로 구성되며 수온과 염분 등에 따라 해수의 성질이 달라진다.

5-1

교과 단원명	138억 살 신비한 별별 우주 탐험	영역	핵심 개념	내용 요약
1단원 과학자는 어떻게 탐구 할까요				
2단원 온도와 열	1부 우주여행 2부 태양계 탐사	열과 에너지	열평형	온도가 다른 물체가 접촉하면 온도가 같아진다. 요소: 온도/전도, 대류/단열
3단원 태양계와 별	1부 우주여행 2부 태양계 탐사 3부 우주 진화	우주	태양계의 구성과 운동	태양계는 태양, 행성, 위성 등 다양한 천체로 구성되어 있다.
4단원 용해와 용액	2부 태양계 탐사 3부 우주 진화	물질의 성질	물리적 성질과 화학적 성질	물질은 고유한 성질을 가지고 있다. 요소: 용해/용액/용질의 종류/물질의 녹는양/용액의 진하기/용액의 성질/용액의 분류/지시약/산성 용액/염기성 용액
				혼합물은 여러 가지 순물질로 구성되어 있다. 요소: 공기
5단원 다양한 생물과 우리 생활		생명과학과 인간의 생활	생명공학 기술	생명공학 기술은 질병 치료, 식량 생산 등 인간의 삶에 기여한다.

5-2

교과 단원명	138억 살 신비한 별별 우주 탐험	영역	핵심 개념	내용 요약
1단원 재미있는 나의 탐구				
2단원 생물과 환경		환경과 생태계	생태계와 상호 작용	생태계의 구성 요소는 서로 밀접한 관계를 맺고 있으며 서로 영향을 주고받는다.

3단원 날씨와 우리 생활	1부 우주여행 2부 태양계 탐사	대기와 해양	대기의 운동과 순환	대기의 온도, 습도, 기압 차 등에 의해 다양한 기상 현상이 나타난다.
4단원 물체의 운동	1부 우주여행 2부 태양계 탐사 3부 우주 진화	힘과 운동	힘	물체의 운동 변화는 뉴턴 운동 법칙으로 설명된다. 요소: 속력/속력과 안전
5단원 산과 염기		물질의 성질	물질의 상태	물질은 고유한 성질을 가지고 있다. 요소: 용해/용액/용질의 종류/용질의 녹는 양/용액의 진하기/용액의 성질/용액의 분류/지시약/산성 용액/염기성 용액

6-1

교과 단원명	138억 살 신비한 별별 우주 탐험	영역	핵심 개념	내용 요약
1단원 과학자처럼 탐구해볼까요				
2단원 지구와 달의 운동	1부 우주여행 2부 태양계 탐사 3부 우주 진화	우주	태양계의 구성과 운동	태양계 천체들의 운동으로 인해 다양한 현상이 나타난다.
3단원 여러 가지 기체	1부 우주여행 2부 태양계 탐사 3부 우주 진화	물질의 성질	물리적 성질과 화학적 성질	혼합물은 여러 가지 순물질로 구성되어 있다. 요소: 공기
			물질의 상태	물질은 여러 가지 상태로 존재한다. 요소: 산소/이산화탄소
				물질은 상태에 따라 물리적 성질이 달라진다. 요소: 온도에 따른 기체 부피/압력에 따른 기체 부피
4단원 식물의 구조와 기능		생물의 구조와 에너지	식물의 구조와 기능	식물은 뿌리, 줄기, 잎으로 구성되어 있다.
5단원 빛과 렌즈	3부 우주 진화	파동	파동의 성질	파동은 반사, 굴절, 간섭, 회절의 성질을 가진다. 요소: 프리즘/빛의 굴절/볼록 렌즈

6-2

교과 단원명	138억 살 신비한 별별 우주 탐험	영역	핵심 개념	내용 요약
1단원 전기의 이용	1부 우주여행	전기와 자기	전기	전기 회로에서는 기전력에 의해 전류가 형성된다. 요소: 전기 회로/전기 절약/전기 안전
			자기	전류는 자기장을 형성한다. 요소: 전자석
2단원 계절의 변화	1부 우주여행 2부 태양계 탐사	대기와 해양	대기의 운동과 순환	대기의 온도, 습도, 기압 차 등에 의해 다양한 기상현상이 나타난다.
3단원 연소와 소화	1부 우주여행 2부 태양계 탐사 3부 우주 진화	물질의 변화	화학 반응	물질은 화학 반응을 통해 다른 물질로 변한다. 요소: 연소 현상/연소 조건/연소 생성물/소화 방법
				화학과 우리 생활이 밀접한 관련이 있다. 요소: 화재 시 안전 대책
4단원 우리 몸의 구조와 기능		생물의 구조와 에너지 항상성과 몸의 조절	동물의 구조와 기능 자극과 반응	소화 기관을 통해 영양소를 흡수하고 배설 기관을 통해 노폐물을 배출한다. 감각 기관과 신경계의 작용으로 다양한 자극에 반응한다.
5단원 에너지와 생활	1부 우주여행 3부 우주 진화	열과 에너지	열평형	온도가 다른 물체가 접촉하면 온도가 같아진다. 요소: 온도/전도, 대류/단열

제1부

우주여행

 코스캔, 코스피어, 코스큐브 집합! 축하한다. 이제 너희들은 목표를 가지고 우주여행을 해야 한다. 여행을 하는 동안 내가 너희들에게 다양한 과제를 줄 것이다. 모든 과제를 완수하면 첫 번째 목표를 달성하게 된다. 너희들은 아직 완전하지는 않지만, 과제를 수행할수록 너희들의 인공지능과 기타 장착된 기능들이 업그레이드될 것이다. 이제부터 시작이다. 자, 첫 번째 과제는 우주여행의 발전 과정을 살펴보고, 직접 우주여행을 해보는 것이다.

 우주여행이라면 로켓 여행을 말하는 건가요?

 로켓 여행 말고도 우주를 여행할 수 있는 방법은 많이 있다. 여러 가지 자료를 토대로 너희들이 힘을 합치면 다양한 형태의 우주여행을 할 수 있을 것이다.

 우주여행을 즐기고 오면 되는 거군요.

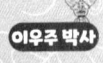 한 가지 주의할 점이 있다. 너희들의 과제를 방해하는 로봇이 있을 것이다.

 그게 누구죠?

 원래 너희들을 도와주도록 만들어진 모스라는 로봇이다. 하지만 시간 여행 중 잃어버렸고, 모스의 인공지능에는 너희들을 방해하는 프로그램만 남아 있다. 원래 우주를

뜻하는 코스모스(cosmos) 단어에서 이름을 따 너희 로봇 삼총사에게는 코스를, 도움을 주는 로봇에게는 모스를 넣어 불렀다. 하지만 지금의 모스는 너희들에게 방해가 될 테니, 앞으로 안티모스라고 부르겠다.

 흠……, 안티모스의 방해!

 걱정 마! 안티모스쯤이야 우리 셋이 힘을 합치면 물리칠 수 있을 거야.

 코스큐브 말대로다. 너희 세 로봇의 기능은 조금씩 다르다. 코스피어는 인문학과 역사에 강점이 있고, 코스큐브는 과학 실험과 수치 데이터 등에, 코스캔은 과학 이론에 강점이 있다. 너희들이 힘을 합치면 안티모스의 방해를 물리치고 과제를 수행할 수 있다. 안티모스는 아직 태양 빛을 이용해 충전 중일 테니, 여행 초반에는 나타나지 않을 것이다. 하지만 언제 나타날 지 모르니 항상 조심해야 한다.

 그나마 다행이네요. 여러 종류의 우주여행만 하면 과제 완료인가요?

 너희들이 각각의 과제를 완수하면 코스캔의 입에서 구슬이 하나씩 나올 것이다. 그 구슬에 적힌 알파벳들이 가리키는 과학자의 이름을 알아내는 것이 최종 과제이다.

대포로 달을 여행한다고?

 코스피어! 무슨 책 읽니?

 『해저 2만리』.

 쥘 베른의 책을 읽고 있네. 코스피어! 쥘 베른에 대해 알려줘.

 쥘 베른은 세계 최초의 SF(science fiction) 작가야. 쥘 베

른은 원래 법을 공부했어. 나중에 알렉상드르 뒤마라는 작가를 만나, 그와 친하게 지내면서 글쓰기에 대한 관심을 가졌지. 쥘 베른은 우주여행에 대한 최초의 책을 썼어. 1865년에 쓴 『지구에서 달까지』라는 책과 1869년에 쓴 『달세계 탐험』이야.

 박사님으로부터 첫 번째 과제가 왔어.

 어떤 과제인데?

 쥘 베른의 『달세계 탐험』을 읽고 영화로 만들라는 과제야.

 그 책은 이미 읽었어. 영화 시나리오는 내가 쓸게.

이상하네. 1865년 그 당시에는 로켓이 없었잖아? 그런데 어떻게 우주여행을 하지?

 그게 바로 쥘 베른의 상상력인거지. 소설은 천문학자 바르방푸이이의 계획에서 시작돼. 그는 거대한 대포를 만들어 과학자들이 포탄 속에 타고 달을 여행하자는 계획을 천문학회에서 발표해. 많은 천문학자들이 그의 계획은 말이 안 된다고 주장했어. 하지만 다섯 명의 천문학자가 바르방푸이이와 함께 달을 여행하기로 결심해. 바르방푸이이는 포탄 속에 동물을 태워 안전한지 확인해 본 후 다섯 명의 천문학자와 함께 포탄을 타고 달로 날아가.

 바르방푸이이는 달에 도착했어?

 아니. 계산을 잘못해서 달 주위를 빙글빙글 돌기만 했어. 지구 주위를 도는 인공위성처럼. 그러다가 역추진 장치를 이용해 지구로 다시 돌아 와.

 달 여행에 대한 최초의 소설이네. 달에 착륙했더라면 더 좋았을 텐데.

 1902년 조르주 멜리에스 감독이 쥘 베른의 책을 영화로 만들어. ≪달세계 여행≫이라는 제목의 14분짜리 영화지. 자! 이제 우리가 영화를 만들어 볼까?

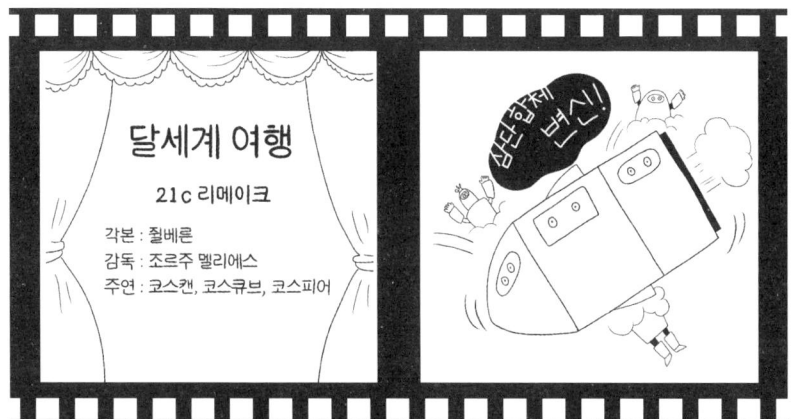

 어떻게 대포를 이용해 사람들을 달로 보낸다는 생각을 하지? 정말 대단한데!

 맞아. 놀라운 건 SF 소설가들의 상상은 대부분 미래에 현실로 이루어져. 달에 처음 착륙한 아폴로 11호의 모습이 바르방푸이이의 포탄과 비슷한 모양이거든. 또 달 여행 후 지구로 돌아온 아폴로 11호 우주선도 태평양 바다에 떨어져 구조돼.

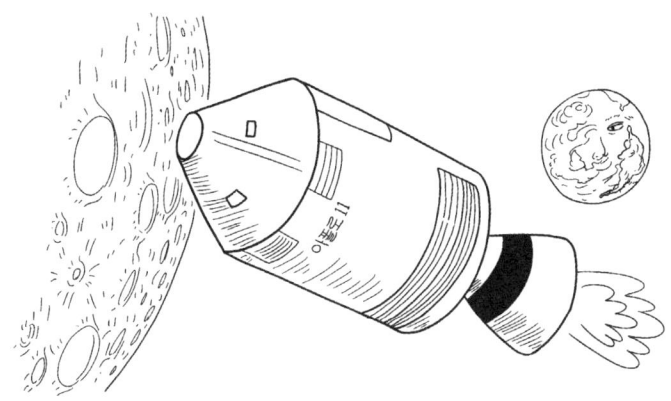

와우! 대단한 예언이군!

 박사님으로부터 첫 번째 과제 성공에 대한 구슬이 나왔어. 첫 번째 구슬의 알파벳은 A.

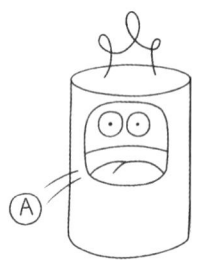

방귀로 로켓 발명

 두 번째 과제는 로켓의 원리에 대해 연구해보라는 것이야.

 로켓은 비행기보다 빠르게 날아가는 장치잖아? 로켓에 어떤 원리가 있다는 거지?

 로켓의 원리는 책에서 배웠어. 내가 실험을 통해 알려줄 테니, 나를 잘 봐. 풍선으로 변신!

 로켓의 원리를 보여주는 재미있는 비유 실험이네. 풍선에는 공기가 채워져 있는데, 바늘로 찌르면 아주 작은 구멍이 생기지? 이 구멍을 통해 공기가 밖으로 빠져나가면서 풍선은 반대 방향으로 날아가. 풍선 속에 있는 공기가 풍선이 날아가게 하는 연료인 것처럼 로켓도 연료를 뒤로 분사시켜 반대 방향으로 추진하는 거지. 로켓의 연료

는 주로 액체 상태인데, 이를 연소시켜 기체 상태로 만들어 분사시키지.

 어떤 액체 연료를 사용하는데?

 액체 상태의 수소, 액체 상태의 등유, 액체 상태의 메탄 등을 이용한다고 해. 그런데 왜 공기가 빠져나가면 풍선이 움직이는 거야?

 하나의 물체에서 일부분이 어떤 속도로 빠져나가면, 남아 있는 부분도 빠져나간 부분과 반대 방향으로 움직이게 돼. 풍선 속에 있던 공기가 구멍을 통해 새어 나가면 남아 있는 부분인 풍선이 공기가 새어나간 방향과 반대 방향으로 움직이게 되는 거야. 이게 바로 로켓 추진력의 원리야. 1903년 러시아의 물리학자이자 수학 선생님이었던 치올콥스키가 처음 알아냈어. 그리고 1926년에 미국의 물리학자 고다드는 이 원리를 이용해 로켓을 처음 만들었지.

 공기가 빠져나가는 속도와는 어떤 관계가 있지?

 공기가 빠져나가는 속도가 클수록 풍선은 빠르게 움직여. 또 이 원리를 이용해 공기가 새어나가는 속도를 아주 빠르게 해서 날아가는 게 바로 로켓이야. 코스피어, 보트로 변신!

 코스캔, 갑자기 방귀를 왜 끼는 거야?

 아하! 방귀가 빠져나간 코스캔 때문에 보트가 움직일 수 있구나. 빠져나가는 게 공기가 아니라도 상관없어?

 방귀 말고도 어떤 질량을 가진 물체가 빠져나가면서 남아 있는 부분이 반대 방향으로 움직이는 예를 생각할 수 있지. 군인들이 총을 쏘는 모습을 봐. 방아쇠를 당기면 총알이 빠르게 튀어나가. 그러면 남은 부분인 총은 반대 방향으로 움직이

게 되지. 이걸 총의 반동이라고 해. 그러니까 군인들은 총을 꽉 잡고 있어야 해. 그렇지 않으면 총의 반동으로 큰 부상을 입을 수 있거든. 여기서 총알을 로켓의 분사되는 연료에, 총알이 빠져나간 총 부분을 로켓으로 생각하면 이해하기 쉬울 거야.

 그럼 이제 실제 로켓의 모양을 살펴보자. 로켓에서 맨 윗부분이 우주선이고 그 아래에 연료 4, 연료3, 연료 2, 연료 1 순으로 연결되어 있어.

 거의 다 연료잖아?

 우주여행을 하려면 연료가 많이 필요하거든. 연료1은 처음 출발할 때 사용해. 엄청나게 뜨거운 온도로 연료를 태우면 로켓은 빠른 속도로 가스를 아래로 뿜어내면서 위로 올라가. 연료1을 다 쓰면 나머지 연료2, 연료3, 연료4를 순서대로 사용하게 되지. 이때 로켓

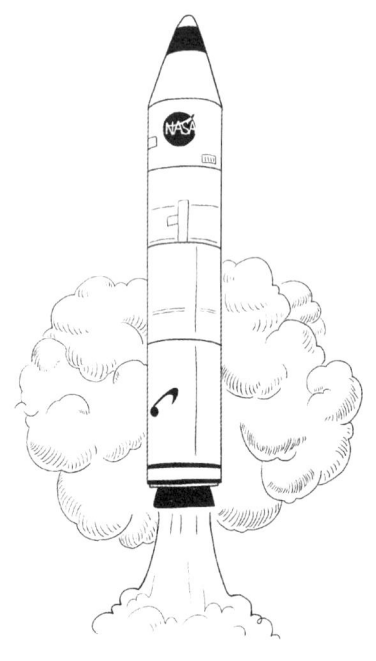

의 속도는 연료를 사용할수록 점점 커지게 돼.

 다 사용한 연료통은 쓰레기가 되겠군.

 빈 통은 우주에 버리는데, 그게 바로 우주 쓰레기야.

 마지막에 우주선만 지구로 돌아오는 거야?

 우주선은 지구의 중력 때문에 빠른 속도로 지구로 떨어져. 빠르게 떨어지는 우주선은 낙하산을 펼쳐서 속도를 줄이며 안전하게 착륙하지. 낙하산을 펼치면 공기의 저항을 받아서 우주선의 속도가 느려지거든.

 그럼 로켓은 거의 대부분이 연료인 거네. 다 쓴 연료통은

버려 우주에 쓰레기를 만들고, 돌아올 때는 맨 위의 조그만 우주선만 돌아오는 거구나.

 그래서 나타난 것이 우주왕복선이야. 우주왕복선은 우주와 지구를 왕복하도록 설계된 우주선이야. 로켓과는 달리 연료통을 버리지 않고, 원래의 모습 그대로 돌아오니까 계속 사용할 수 있지. 우주왕복선은 대기권을 빠져 나가 우주로 날아갈 때는 로켓 엔진을 사용하고, 우주를 탐사한 후 대기권에 진입해 지구로 돌아올 때는 비행기처럼 속도를 줄여서 활주로에 착륙하지.

과제 완성! 코스캔의 입에서 두 번째 구슬이 나왔어. 두 번째 알파벳은 S.

무중력에서 방방 뜨자

 코스캔, 코스피어! 내 모니터 순간 이동 TV에 우주 정거장의 나둥둥 선장님이 나왔어.

 우리의 세 번째 과제가 무중력 체험이야.

 나둥둥 선장님이 우리에게 무중력 체험을 시켜줄 거래.

 와우! 순간 이동 했어.

우리가 왜 둥둥 떠다니는 거죠?

선장 여기는 지구에서 멀리 떨어진 우주 정거장이라, 중력이 너무 작아져서 그래.

 중력? 그게 뭐죠?

 지구와 같은 천체가 물체를 잡아당기는 힘이 중력이야. 중력은 질량을 가진 두 물체가 서로를 잡아당기는 힘이야. 질량은 물체의 무겁고 가벼운 정도를 나타내는 양으로 단위는 킬로그램(kg) 또는 그램(g)을 사용해. 물체가 무거울수록 질량이 크지. 지구에 살고 있는 사람은 지구와 사람 사이의 중력을 받아. 지구와 사람 모두 질량을 가지고 있거든. 사람들이 지구에서 살 수 있는 건 지구와 사람 사이의 중력 때문이야. 중력이 없으면 동그란 지구의 아래쪽에 사는 사람은 모두 추락하게 될 걸!

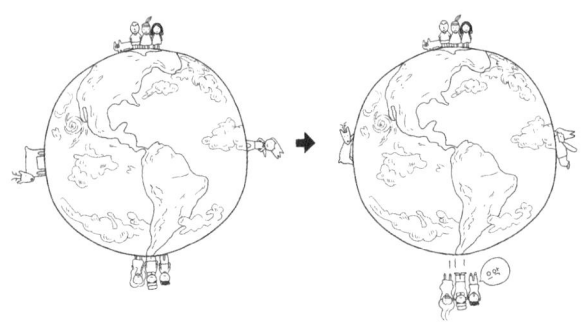

공을 위로 던지면 올라갔다 내려오는 것도 지구의 중력 때문이지.

 여긴 왜 중력이 없는 거지?

 중력이 없다기보다는 중력이 약해져서 그래. 중력은 거리가 멀어질수록 약해지거든. 거리가 2배, 3배, 4배로 늘어나면 중력은 $\frac{1}{4}$배, $\frac{1}{9}$배, $\frac{1}{16}$배로 작아져. 그러니까 거리가 멀어지면 중력은 굉장히 작아지지. 우주 정거장은 지구로부터 멀리 떨어져 있어서 중력이 너무 약해져 거의 없는 것처럼 여겨지지. 이런 상태를 무중력이라고 해. 우리가 바닥에 내려갈 수 없는 이유인 거지.

 그럼 이렇게 헤엄치듯이 살아야 하는 거네.

 나둥둥 선장님! 잠은 어떻게 자요? 난 이렇게 둥둥 떠다니면 잠을 잘 수 없어요.

 그건 걱정 마! 초강력 찍찍이를 사용할 거야.

 우와! 나는 바닥에서 자고, 코스큐브와 선장님은 벽에서, 코스캔은 천장에서 자는 거네.

 중력이 거의 없어서 위아래의 구별이 없어. 그러니까 코스피어가 천장에서 자고 내가 바닥에서 자는 거라고도 볼 수 있고, 코스큐브나 선장님이 자는 곳이 바닥이라고 볼 수도 있어.

 로봇도 잠을 자니?

 절전모드로 전환하는 걸 우리는 잔다고 해요.

 자기 전에 일기를 써야겠어.

이상하네. 새 볼펜인데 왜 안 나오지?

 볼펜 속의 잉크도 중력의 영향을 받아. 지구에서는 중력 때문에 잉크가 아래로 내려오니까. 여기는 중력이 거의 없어서 잉크가 아래로 내려올 수 없어.

 일기를 꼭 쓰고 자야하는데, 큰일이네.

 간단히 해결할 수 있어. 무중력 공간에서는 연필을 사용하면 돼. 연필은 잉크를 사용하지 않으니까, 중력이 없어도 글씨를 쓸 수 있지. 잠깐 기다려 봐, 가져다줄게. ……뽕뽕!

 방귀는 왜 뀐 거야?

 방귀를 뀌면 방귀가 나가는 방향과 반대 방향으로 움직일 수 있거든.

 로봇이 방귀를 다 뀌네.

 저희 로봇 삼총사에 탑재된 기능은 선장님이 상상하는

그 이상이거든요. 그래서 인간처럼 생각하고 감정을 느끼고, 인간과 비슷한 행동을 모두 할 수 있어요.

 갑자기 좀 출출한데, 뭐 좀 먹어야겠어.

 선장님, 같이 먹어요.

 앗! 코스큐브, 조심해!

 어떡해! 팝콘이 날아다녀.

 중력이 거의 없어서 바닥에 떨어지지 않고 떠다니고 있는 거야.

 우린 먹지도 못하는데, 왜 선장님의 팝콘을 뺏으려고 한 거야?

 난 수은 전지인줄 알았지. 전기 에너지 보충하려고 그랬어.

 청소를 어떻게 하지?

 내게 맡겨. 무중력 공간에서는 진공청소기를 이용하면 간단히 해결 돼.

 오호! 말끔해졌네. 이제 팝콘 청소도 끝났으니, 무중력 공간에서만 볼 수 있는 무중력 아이스크림 쇼를 보여줄게.

 우와! 아이스크림이 공으로 변신했어.

 지구에서는 중력 때문에 아이스크림이 녹으면 액체가 되어 흘러내리지만, 무중력 공간에서는 아이스크림 주위에 동그랗게 모이게 되지. 그러니까 바깥쪽은 아이스크림이 녹아 액체 상태지만, 안쪽은 녹지 않아 고체 상태인 아이스크림이 돼.

코스큐브 액체 상태와 고체 상태가 섞여있는 동그란 아이스크림은 처음 먹어봐.

코스큐브 무중력 공간에서 벌어지는 일들은 모두 마법 같아. 또 다른 재미있는 현상이 있어?

코스캔 물론이야. 무중력 공간에선 촛불이 금방 꺼져.

코스큐브 왜 그렇지?

코스캔 연기가 위로 올라가지 못하고 촛불을 에워싸서 촛불이 공기 속의 산소와 만나는 것을 막기 때문이야.

코스큐브 선장님을 봐!

코스피어 어떻게 둥둥 떠다니지 않고, 걷기 운동을 할 수 있죠?

선장 우주 운동복 덕분이야. 2006년 미국항공우주국(NASA)의 토렌스 박사가 발명했어. 이 옷에는 눈에 잘 보

이지 않지만, 아주 작은 고리가 바닥과 연결되어 있어서 둥둥 떠다니는 것을 막아주거든.

 무중력 공간에서도 운동을 할 수 있다니, 신기해요.

 무중력 공간에서는 매일 운동해야 해.

 그건 왜죠?

 둥둥 떠서 다니고 걷질 않으니까, 다리의 뼈와 근육이 약해져. 그래서 우주 운동복을 입고 걷기 훈련을 해야 하는 거지. 그러지 않으면 지구에 돌아갔을 때 걷지 못할 수도 있거든.

 그런데 선장님, 운동 중이신데 얼굴이 왜 퉁퉁 부었어요?

 그것도 중력과 관련이 있지. 중력이 있는 지구에서는 피가 발쪽에 많이 몰려 발이 붓는 게 일상적이지만, 무중력 공간에서는 피가 골고루 퍼지거든. 그래서 지구에서보다 얼굴에 피가 많아

져 얼굴이 붓는 거야.

 선장님! 남자 화장실은 어디죠?

 우주 정거장에는 남자 화장실이 따로 없어. 남자도 앉아서 소변을 봐야하거든.

 중력이 거의 없어서 소변이 바닥으로 떨어지지 않아서 그런 거죠?

 맞아. 소변이 둥둥 떠다니면 곤란하잖아?

 좌변기에 앉아도 소변이 바닥으로 떨어지지 않잖아요?

 진공청소기처럼 소변을 펌프로 빨아들여 주머니에 모았다가 나중에 버리는 방법을 쓰지. 아무튼 서서 소변을 보는 것은 금지야. 코스캔! 너의 입에서 구슬이 나왔어.

 박사님이 과제 성공으로 주신 선물이에요.

코스피어 이번 알파벳은 O.

미래 우주 도시! 스페이스 콜로니

 이번 과제는 뭐니?

 미래의 우주 도시 탐험! 스페이스 콜로니로 순간 이동!!!

 여기가 어디지?

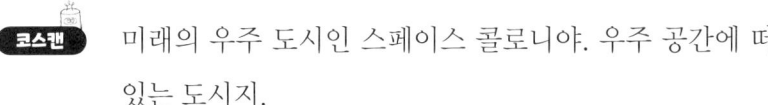 미래의 우주 도시인 스페이스 콜로니야. 우주 공간에 떠 있는 도시지.

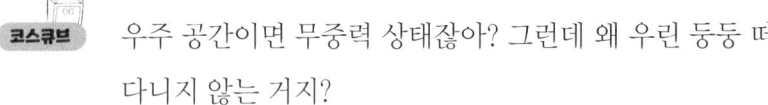 우주 공간이면 무중력 상태잖아? 그런데 왜 우린 둥둥 떠다니지 않는 거지?

 지구에서 걸을 때랑 똑같아. 이상한데.

 인공중력을 만들었기 때문이야.

 중력을 인공으로 만들었다고?

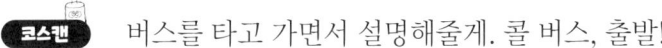 버스를 타고 가면서 설명해줄게. 콜 버스, 출발!

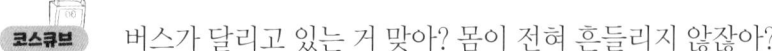 버스가 달리고 있는 거 맞아? 몸이 전혀 흔들리지 않잖아?

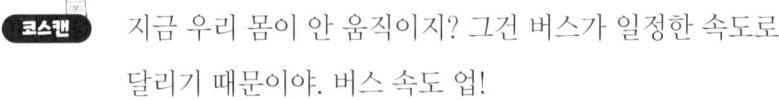 지금 우리 몸이 안 움직이지? 그건 버스가 일정한 속도로 달리기 때문이야. 버스 속도 업!

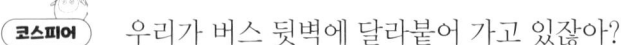 우리가 버스 뒷벽에 달라붙어 가고 있잖아?

 버스가 빨라져서 그래. 버스가 빨라지면 버스가 움직이는 방향과 반대 방향으로 힘이 작용하거든. 그 힘이 우리를 뒷벽으로 보내는 거야. 버스 스톱!

이번에는 왜 앞 벽에 달라붙는 거지?

 버스가 갑자기 정지해서 그래. 버스가 속도를 줄여 느려지면 버스가 움직이는 방향과 같은 방향으로 힘이 작용하거든. 그 힘이 우리를 앞 벽으로 보내는 거지.

 이거랑 중력을 인공으로 만드는 거랑 무슨 관계가 있지?

 중력이 있으면 바닥을 수직으로 누르는 힘이 생겨. 이 힘을 수직항력이라고 불러. 수직항력은 바닥이 사람을 위로 떠받치는 힘이야. 이렇게 바닥이 사람에게 힘을 작용하면 사람도 바닥에 같은 크기의 힘을 작용하게 돼. 이것을 작용 반작용의 원리라고 하는데, 이 힘은 사람이 바닥을 누르는 힘이 되는 거야. 그 힘 때문에 우리가 바닥을 걸어 다닐 수 있는 거지. 버스에서 체험했던 것처럼 속도가 변하면 벽을 누르는 힘이 생기게 되지.

 벽이 바닥 역할을 하는 구나.

 맞아.

 그럼 스페이스 콜로니는 버스처럼 점점 빨라지고 있는 거야?

 스페이스 콜로니는 점점 빨라지는 게 아니라 제자리에 있어.

 그럼 어떻게 중력이 생기는 건데.

 우리가 물이 가득 찬 수조 안에 있다고 생각해 봐. 수조가 움직이며 빙글빙글 돌면 우리는 벽에 달라붙게 되잖아? 빙글빙글 돌면 운동 방향이 달라지니까 중심 방향으로 가속도가 생겨서 그런 거거든. 이 가속도는 벽의 수직항력이 만들지. 그러면 작용 반작용의 원리에 의해 사람이 벽을 누르는 힘이 생기게 돼. 바로 이 원리야. 스페이스 콜로니는 제자리에서 빙글빙글 돌기 때문에 사람들이 둥둥 떠다니지 않고 벽에 달라붙어 걸어 다닐 수 있는 거지.

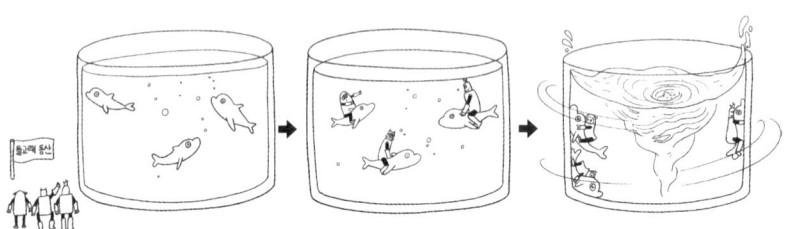

 둥둥 떠다니지 않아도 돼서 좋네. 저길 봐! 수영장이야.

 지구에서처럼 물놀이라니!

우주에서 생활하기 위해서 인공중력은 정말 꼭 필요하네.

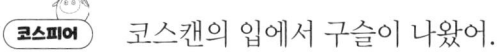
코스캔의 입에서 구슬이 나왔어.

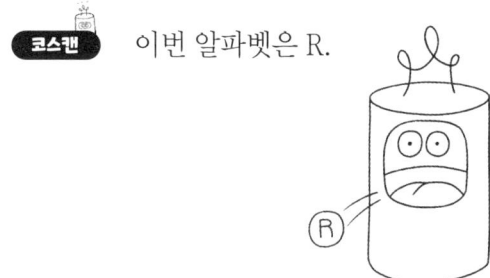
이번 알파벳은 R.

05

공짜로 우주여행하자!

 박사님 과제가 왔어.

 뭔데?

 명왕성 주변에 고장 난 위성을 고치고 오래.

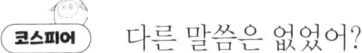 다른 말씀은 없었어?

 안티모스를 조심하래.

 안티모스가 드디어 충전이 완료되었나 보네!

 오케이! 고고씽!

 코스캔! 큰일 났어.

 무슨 일인데?

 지구로 돌아갈 연료가 조금 부족해.

 걱정할 거 없어. 일단 코스피어의 연료 분사 장치를 끄게.

 우와! 코스큐브가 날개를 달았어.

 날개가 아니라 태양전지판이야. 태양전지판은 전기가 잘 통하는 금속으로 만든 것인데, 빛을 전기로 만들어 주  는 장치야. 빛을 금속에 쪼이면 금속에 전류가 흐르는 데, 이 현상을 광전효과라고 불러. 아인슈타인 박사는 이 현상을 연구해서 노벨물리학상을 받았지.

전기 에너지를 이용해 공짜로 여행할 수 있는 거네.

 코스캔! 저길 봐. 안티모스야!

 안티모스의 공격으로 태양전지판이 모두 고장이 났어. 어떡하지?

 일단 코스피어, 연료 분사 장치를 다시 작동시켜서 해왕성에 접근해 봐.

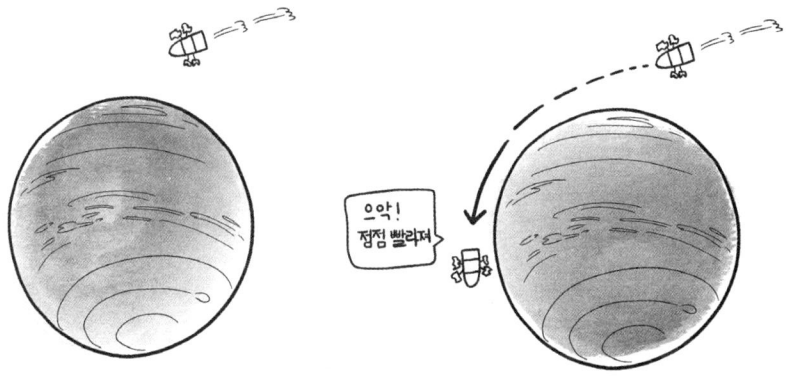

 코스피어! 이제 연료 분사 장치를 꺼!

 우와! 엔진을 껐는데도 엄청나게 빠른 속도로 가고 있어.

 해왕성의 중력을 이용하여 에너지 소비 없이 빠르게 움직일 수 있는 거야.

 중력을 어떻게 이용한다는 거지?

 자전거를 타고 높은 데서 낮은 데로 내려올 때 페달을 밟지 않아도 저절로 내려오잖아? 그건 지구의 중력이 만드는 에너지 때문이야. 이 에너지를 중력에 의한 위치 에너지라고 불러. 중력이 있을 때 높은 곳은 낮은 곳보다 위치 에너지가 크거든. 자전거가 저절로 움직이는 이유는 자전거가 높은 곳에 있을 때 자전거의 위치 에너지가 자전거가 낮은 곳에 있을 때 자전거의 위치 에너지보다 크기 때문이야. 물체는 위치 에너지가 큰 곳에서 작은 곳으로

저절로 움직여. 이때 두 곳의 위치 에너지의 차이는 운동 에너지로 바뀌지. 바로 이 운동 에너지 때문에 자전거는 아래로 내려오면서 점점 빨라지는 거지.

 그럼 해왕성 주위를 돌 때 왜 저절로 움직인 거지? 높은 곳도 낮은 곳도 없잖아?

우주에서 높은 곳은 지구의 중심에서 거리가 먼 곳이고, 낮은 곳은 지구의 중심에서 가까운 곳이야. 중력은 지구의 중심에서 거리가 멀수록 작아지니까. 지구의 중심에서 먼 곳이 지구의 중심에서 가까운 곳 보다 중력에 의한 위치 에너지가 높아서 위치 에너지가 큰 곳에서 작은 곳으로 저절로 빠르게 움직일 수 있는 거야.

아하! 그러니까 해왕성의 중심으로부터 먼 곳에서 가까운 곳으로 이동해서 저절로 빠르게 움직인 것이구나!

바로 그거야. 해왕성, 천왕성, 토성, 목성까지 이 방법으로 여행하면 에너지를 공짜로 얻을 수 있어. 그러면 우리는 지구에 무사히 돌아갈 수 있는 거지.

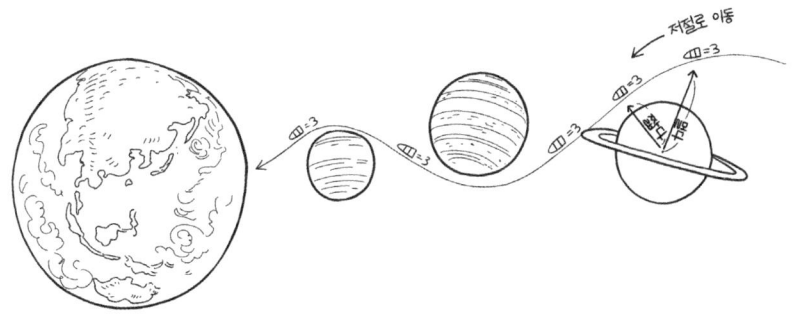

 과제 완수!

 이번 알파벳은 T.

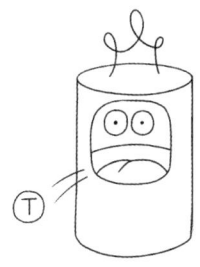

06

돛단배를 타고 우주여행을 하자

 이번 과제는 뭐지?

 이번에는 과제가 없나보네. 그냥 돛단배나 타고 놀자.

우주는 너무 너무 넓지 ♪ // 우주는 huge ♫ // 우주는 가고 싶지 ♩
우주는 voyage ♫ // 우주는 너무 너무 멋있지 ♩ // 우주는 fantasy ♪
우주는 매일매일 달라지지 ♩ // 우주는 change ♫ // ye~~~! ♫

 어때? 오늘 만든 랩 〈우주〉야. 유튜브에 올릴 거야.

 좋은데!

 코스캔! 뭘 듣고 있니?

 블루투스로 박사님 과제를 듣는 중이야.

 에고! 또 과제! 이번엔 또 뭐야?

 돛단배를 타고 우주여행하래.

 우주에 무슨 물이 있다고 돛단배를 타고 가라는 거지?

 아마도 돛단배의 원리를 이용해 우주를 공짜로 여행하는 방법을 찾으라는 거 같아. 바람은 공짜니까 돛단배를 움직이는 데 돈이 안 들어. 기름도 필요 없고, 노를 저을 필요도 없지.

 물론 돛단배는 바람의 힘으로 빠르게 움직이긴 하지. 근데, 우주에는 바람이 없는데, 어떻게?

 내게 맡겨!

 우와~!

 우와~ 정말 우주에서 돛을 달고 여행할 수 있네. 바람도 없는데 어떻게 움직이는 거지?

 바람은 공기 알갱이들의 움직임이야. 공기 알갱이들이 돛에 부딪혀 돛단배를 움직이는 거지.

 우주에도 바람이 있다는 말이야?

 아니, 우주엔 바람이 없어. 대신 태양이 있지. 태양에서 나오는 강렬한 빛이 로켓에 매달려 있는 커다란 돛에 부딪히면 빛에 의한 압력을 만들어. 빛은 질량이 없지만 물체에 부딪치면서 압력을 줄 수 있거든. 이 압력을 광압이라고 불러. 광압이 돛에 작용해 로켓이 저절로 움직일 수 있게 되는 거야. 이것을 태양돛(solar sail)이라고 해. 태양에서 나오는 빛을 이용하니까 당연히 공짜로 우주를 여행할 수 있지.

 어랏! 왜 이렇게 느려지는 거지?

 태양에서 멀어지면

태양 빛이 약해지거든. 그러면 광압도 약해져. 그래서 속도가 줄어드는 거야. 돛단배는 느리게 가다가 곧 멈추게 될 거야. 바람이 약해졌을 때 돛단배가 느리게 가는 것처럼. 코스피어! 지구 레이저연맹에 연락해서 돛을 향해 레이저 빔을 쏘아 달라고 해!

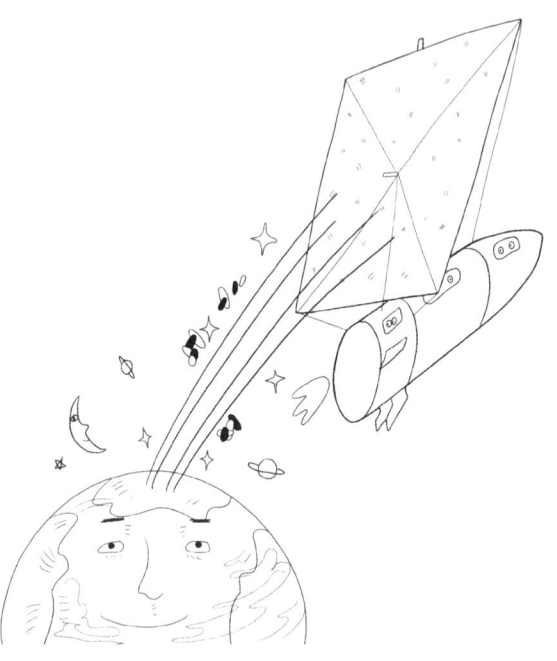

 와우, 다시 돛단배가 빨리 가고 있어.

 왜 돛단배가 다시 빨라진 거지?

 레이저 빔이 태양 빛보다 강력한 빛이기 때문이야. 레이저 빔은 태양 빛보다 큰 광압을 돛에 작용시킬 수 있거든.

과학자들은 이렇게 지구에서 우주 돛단배의 돛에 레이저 빔을 쏴서 우주여행을 하면 화성까지 가는 시간을 줄일 수 있을 거라고 해. 하지만 레이저 빔도 멀어지면 약해지기 때문에 지구와 화성 사이 곳곳에 레이저 빔을 쏠 수 있는 장치를 만들어야 해. 계속 큰 광압으로 돛을 밀어주기 위해서 말이야.

 과제 완수! 이번 구슬의 알파벳은 N.

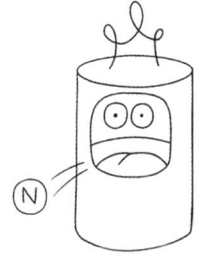

07

동아줄 타고 우주로~

 코스큐브! 무슨 영화 보고 있니?

 《해와 달이 된 오누이》라는 전래동화야. 엄마를 잡아먹은 호랑이를 피해서 오누이가 나무 위로 도망쳤는데, 호랑이가 나무 위까지 쫓아와. 위험에 처한 오누이가 간곡하게 하늘에 소원을 빌자, 하늘에서 동아줄이 내려와. 무사히 하늘로 올라간 오누이는 해와 달이 되었다는 이야기야. 우주 엘리베이터 원리 연구에 도움이 될 거 같아서 보는 중이야.

사람이 어떻게 해와 달이 될 수 있지?

 동화잖아.

 줄을 타고 하늘로 올라가는 건 미래에 이루어 질 수 있어. 우주 엘리베이터에 대한 연구가 활발하게 진행되고 있거든. 그런데 어떻게 알았어? 이번 과제가 바로 우주 엘리베이터의 원리에 대해 조사하는 거야.

 정말?

 1895년 러시아의 치올콥스키는 줄을 이용해 우주로 화물을 이동시킬 수 있지 않을까 하는 생각을 처음 했어. 그 생각을 바탕으로 과학자들은 지구에서 정지 위성까지 연결하는 우주 엘리베이터를 구상하고 있어.

 정지 위성이 뭐야?

 인공위성인데, 항상 같은 자리에 보이기 때문에 정지 위성이라고 불러. 지상으로부터 35,800킬로미터 높이에 있는 위성인데, 지구를 24시간 만에 한 바퀴 돌기 때문에 항상 같은 자리에서 보이지.

 지구의 자전속도와 정지 위성의 속도가 같은 거군!

맞아. 정지 위성에서 35,800킬로미터 길이의 케이블을 지구로 내려서 엘리베이터를 만들겠다는 계획이지.

 엄청나게 긴 엘리베이터네. 그런데 케이블이 엄청 튼튼해야 할 텐데, 무엇으로 만들어?

 탄소나노튜브라는 물질로 케이블을 만들어.

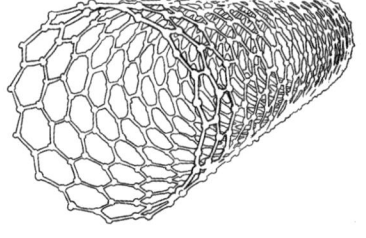

 탄소나노튜브?
그건 뭐지?

 1991년 일본의 이지마 스미오 박사가 발견했어. 탄소나노튜브는 지름이 1나노미터 밖에 되지 않지만, 길이는 수 센티미터가 되는 탄소로 이루어진 원통 모양의 관이야. 1나노미터는 100만분의 1밀리미터라는 아주 짧은 길이야. 과학자들은 이 원통 모양 관의 이름을 '탄소나노튜브'라고 불렀어. 원통 모양의 관을 튜브라고 하니까. 탄소나노튜브는 흑연처럼 육각형의 벌집들로 이루어져 있지만, 다이아몬드처럼 단단하고 높은 온도에서도 모양이 변하지 않아. 그래서 수술용 마이크로 기계식 집게와 가위 또는 인공 근육 장치 등에 사용되거든. 그러니까 탄소나노튜브로 엘리베이터용 긴 케이블을 만들기만 하면 되는 거지.

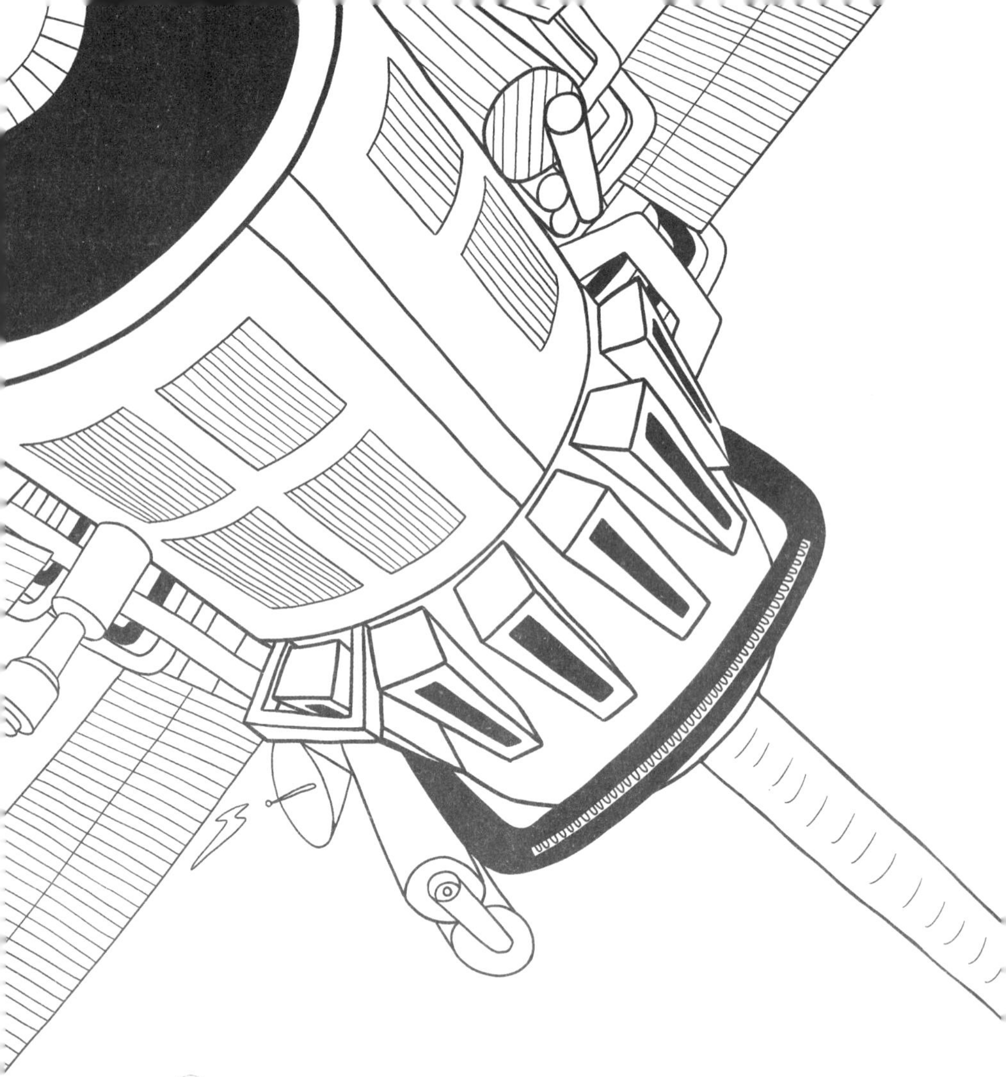

코스피어) 왜 아직 우주 엘리베이터를 못 만드는데?

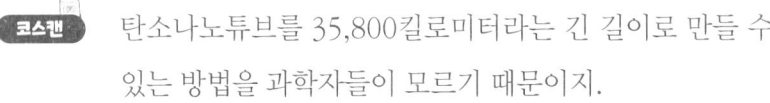

코스캔 탄소나노튜브를 35,800킬로미터라는 긴 길이로 만들 수 있는 방법을 과학자들이 모르기 때문이지.

코스큐브 만들어지기만 하면 우리도 인공위성까지 우주 엘리베이터를 타고 갈 수 있겠네.

그래서 과학자들은 작은 두 개의 위성 사이를 연결하는 우주 엘리베이터를 실험할 예정이야. 이 실험이 성공하고, 케이블을 튼튼하고 가볍고 길게 만들 수 있게 되면, 코스큐브의 소망도 이루어지겠지.

 우주 엘리베이터를 만드려는 목적이 뭔데?

 우주 엘리베이터를 이용하면 우주 정거장으로 화물을 싸게 보낼 수 있거든. 1킬로그램의 화물을 로켓으로 보내는 데는 약 2,400만 원 정도 드는데, 우주 엘리베이터로 보내면 1킬로그램 당 약 22만 원 정도 밖에 들지 않게 돼.

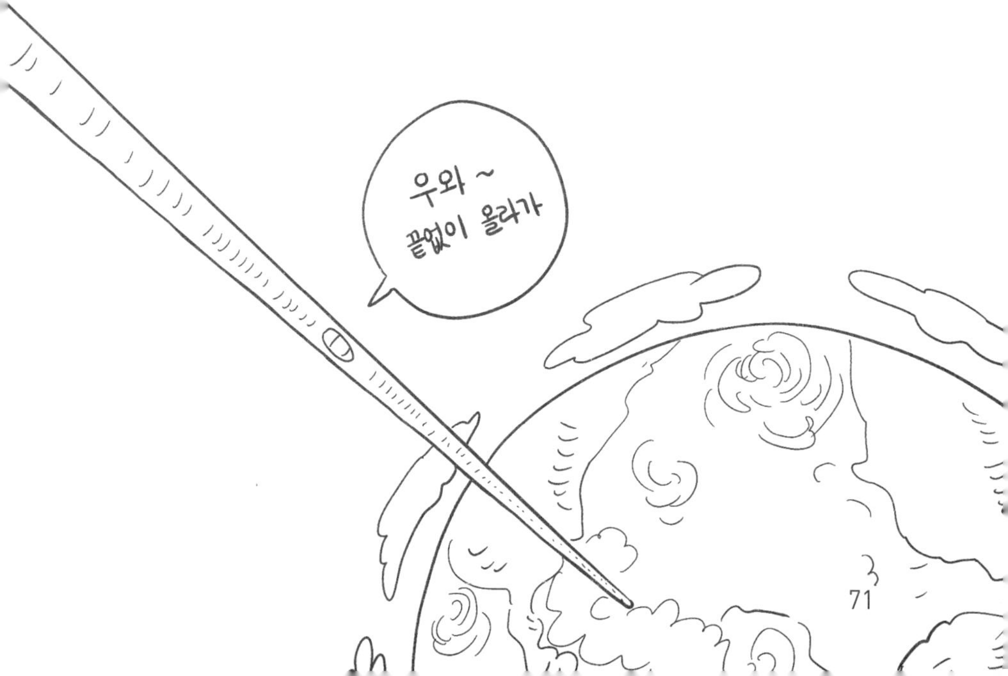

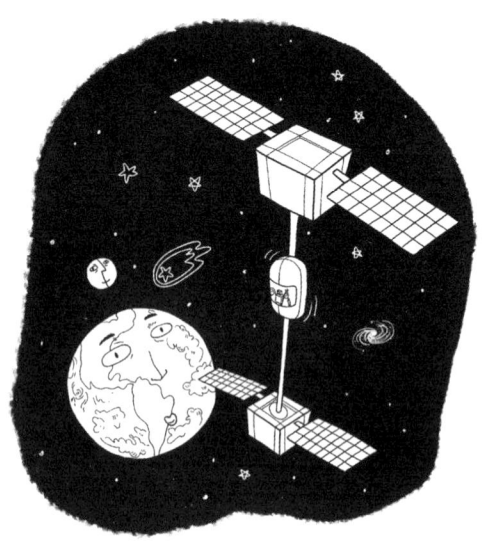

코스피어 우주 엘리베이터가 만들어지면 우주로 택배를 보낼 수 있겠네.

코스캔 오케이! 과제 완수. 이번 알파벳은 M.

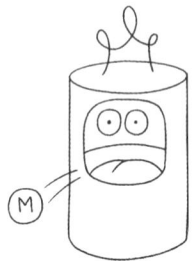

UFO 타고 온 외계인 ET

 저길 봐! UFO가 하늘에 나타났어.

 저건 UFO가 아니라 구름이야.

 UFO, 그게 뭐지?

 UFO는 Unidentified Flying Object(미확인 비행물체)를 말해. 외계인이 지구를 방문할 때 타고 오는 비행물체지.

 그런 게 있어?

 아직까지 완전하게 UFO라고 생각되는 비행물체는 발견된 적 없어. 대부분 구름이나 운석을 잘못 본 것이지.

 그럼 UFO는 없는 거야?

 글쎄……. 하지만 UFO가 있다고 믿는 과학자들도 많아. 외계인이 우주에 살고 있으며, 그들이 타고 나타나는 비행체가 UFO라고 믿고 있거든.

 외계인 친구 만나고 싶은데…….

 외계인이라면 ET를 말하는 거야?

 사실 외계인은 영어로 ETI라고 말하는 게 정확해.

 에띠?

 이티아이라고 읽어야지?

 무슨 뜻인데?

 ET는 외계 생명체를 뜻하는 영어로, Extra Terrestrial의 첫 철자들이야.

 외계 생명체가 외계인이잖아?

 외계인이라고 말할 때, 여기서 인(人)은 사람을 나타내는 말이잖아? 그러니까 외계인이라고 하면 지능을 가지고 있는 외계 생명체를 말하는 것이거든. 그래서 지능을 나타내는 Intelligence를 붙여 그 앞 철자만 따서 ETI라고 하는 거지.

 아하! 그러니까 외계에 사는 박테리아 같은 미생물까지 포함하면 ET라고 해야 하고, 외계에서 살면서 우리처럼 생각을 할 수 있는 생명체는 ETI구나.

 맞아. 그런데 보통 ETI를 지능을 가진 ET라고 하니까, 그냥 ET라고 말해도 돼.

 그럼 지금까지 외계인, 그러니까 ET가 지구를 방문한 적이 있어?

 ET를 목격했다는 사람들이 일부 있지만, 아직까지 확실하지는 않아. 외계인과 지구인이 만나는 방식에는 네 가지 종류가 있어. 150미터 이내의 거리에서 UFO를 목격하는 것을 제1종 접촉이라 하고, UFO가 레이더에 잡히거

나 UFO가 나타나 갑자기 전기가 끊기는 것과 같이 물리적인 증거가 있는 경우를 제2종 접촉, UFO에서 내린 외계인을 보는 것을 제3종 접촉, 외계인에게 납치되거나 외계인과 함께 UFO로 여행하는 것을 제4종 접촉이라고 해. 아직까지 어떤 종류의 접촉에 대해서도 확실한 증거는 없어. 하지만 ET가 있다는 전제 하에 많은 영화들이 만들어졌지.

외계인을 찾기 위해 과학자들은 어떤 노력을 하고 있어?

 지구 이외의 행성에 외계인이 산다면 전파를 이용해 교신을 할 수 있을 거야. 외계의 전파를 조사하여 외계인을 찾아보려는 것을 SETI(Search for Extra Terrestrial Intelligence)라고 하는데, 지능이 있는 ET를 찾는 계획이야. 하지만 아직까지 구체적으로 외계인의 신호라고 확신할 만한 증거는 찾지 못했어. 하지만 우주는 엄청나게 넓기 때문에 지구 밖에 다른 지적 생명체가 살 확률은 아주 높다고 볼 수 있어. 『코스모스』라는 책을 쓴 천체물리학자 칼 세이건은 자신이 만든 영화 《콘택트》에서 "이 넓은 우주에서 지구에만 지적 생명체가 산다면 그것은 공간의 낭비일 거야."라는 멋진 대사를 만들었지.

 지능이 있는 ET가 사는 행성은 어디인데?

 그건 아직 발견을 못했으니까 모르지만, 과학자 드레이크는 외계에 존재하는 문명의 개수가 다음과 같은 양들의 곱이 된다고 주장했어.

> **1** = 별이 만들어지는 속력
> **2** = 행성을 가지는 별의 비율
> **3** = 생명체가 살 수 있는 환경을 지닌 행성의 수
> **4** = 생명체가 발생할 확률
> **5** = 생명체가 지적인 생명체로 발달할 확률
> **6** = 생명체가 다른 문명과 교신을 할 수 있는 능력을 지닐 확률
> **7** = 생명체가 다른 문명과 교신을 하는 시간

드레이크는 이 일곱 가지의 양을 곱한 값이 1이하이면 외계인이 없지만, 이 값이 1보다 크면 외계인이 있다고 주장했지. 현재의 관측 사실을 넣어보면 이 값은 1보다 커. 그러니까 드레이크의 조건에 따르면 외계인은 존재해야 하는 거지.

 이런 조건들은 어떻게 생각해낸 건데?

 드레이크는 일단 외계인도 지구처럼 별 주위를 도는 행성에 살고 있을 거라 생각했어. 그래서 별이 많이 만들어질수록 외계인이 있을 확률이 커진다는 거지. 모든 별이 행성을 가지는 게 아니니까, 행성을 가지는 비율도 중요해. 생명체가 살 수 있는 행성에 대해서 과학자들의 생각은 다양해. 어떤 과학자는 지구처럼 산소가 있어야 한다고 주장하지만, 또 다른 과학자들은 외계 생명체가 반드시 산소로 호흡을 해야 하냐는 의견을 내고 있지. 이런 주장들을 바탕으로 드레이크는 외계인이 존재할 확률에 영향을 주는 일곱 가지의 요인을 찾아낸 거지.

 이번 과제는 뭐지?

 스필버그 감독의 영화 《외계인 ET》를 2021년 버전으로 리메이크하는 게 과제야.

 과제 수행 완수! 이번 알파벳은 R.

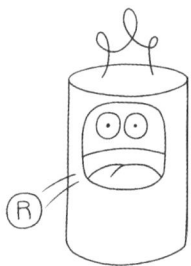

누가 우주에 쓰레기를 버리는 거야?

 와! 우주에도 쓰레기가 있네.

 이번 과제는 우주 쓰레기를 수거하는 방법에 대해 조사하는 거야.

우주에 어떻게 쓰레기가 생기지?

 수명을 다했거나 고장 나 제어가 안 되는 인공위성, 로켓에서 분리된 연료통, 우주조종사들이 떨어뜨린 공구들, 이런 것들이 우주 쓰레기야. 최초의 로켓 스푸트니크 1호 이후에 4,000회 이상의 로켓 발사가 이루어졌으니까, 엄청난 양의 쓰레기가 지구 주위에 분포하고 있는 거지. 일부 우주 쓰레기는 대기권에 진입해 불 타 사라졌지만, 아직도 4,500톤 정도의 우주 쓰레기가 지구를 에워싸고 있다고 해.

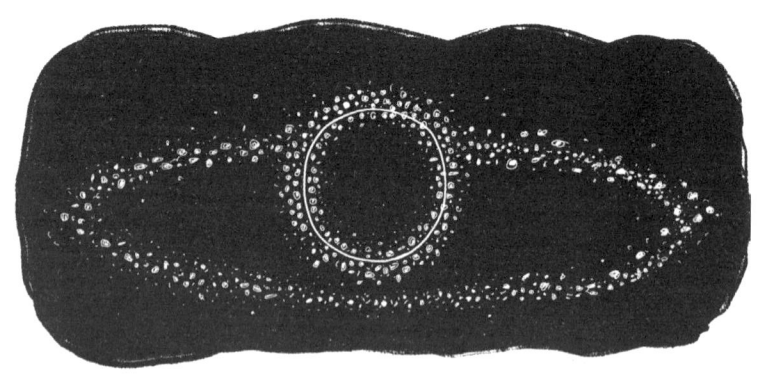

 누가 청소 좀 해야겠는데.

 안 그래도 과학자들이 여러 가지 청소 방법을 내놓았어.

 어떤 방법이 있는데?

 지금까지 개발한 방법을 알려줄게. 첫 번째 방법은 우주 논개법이야.

 우주 논개?

 논개라면 임진왜란 때 왜장 로쿠스케를 껴안고 진주 남강에 투신한 사람이잖아?

 맞아. 같은 방법이야. 작은 청소 위성을 쏘아올려 위성에서 나온 로봇 팔로 우주 쓰레기를 붙잡아 지구의 바다로 함께 추락하는 거야.

 청소 위성이 논개이고, 우주 쓰레기가 왜장이군.

 또 다른 방법은?

 태양 돛단배를 이용하는 거야.

 어떻게?

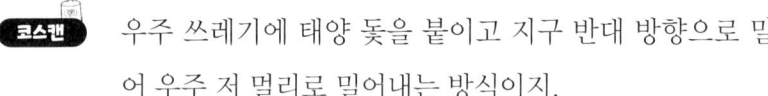
우주 쓰레기에 태양 돛을 붙이고 지구 반대 방향으로 밀어 우주 저 멀리로 밀어내는 방식이지.

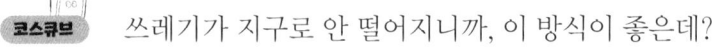
쓰레기가 지구로 안 떨어지니까, 이 방식이 좋은데?

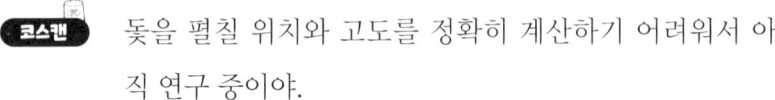
돛을 펼칠 위치와 고도를 정확히 계산하기 어려워서 아직 연구 중이야.

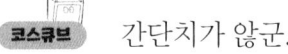
간단치가 않군.

또 다른 방법으로 레이저 빗자루 방법이 있어.

 신기한 이름이네.

 빗자루로 쓰레기를 쓸어 내듯이 지구에서 레이저 빔을 발사해 우주 쓰레기를 작은 파편으로 부수어 지구로 떨어지게 하는 방법이야.

 다른 방법은?

 우주 끈끈이 방법이야.

 끈끈이라면, 끈적한 끈에 파리를 달라붙게 해서 잡는 거?

맞아. 탄성이 좋고 부드러운 물질로 만든 커다란 막을 우주에 띄우는 거지. 크기는 800미터에서 1,600미터 정도.

 파리처럼 우주 쓰레기가 막에 달라붙어?

 그렇지는 않지만 막에 부딪힌 쓰레기는 속도가 줄어들면서 지구 주위를 돌지 못하고 지구로 떨어져 내리지.

 막이 크면 클수록 더 많은 쓰레기를 수거할 수 있겠군.

 맞아. 마지막 방법은 거대한 풍선을 우주로 띄워 우주 쓰레기를 수거하는 거야. 이 방법을 GOLD(Gossamer Orbit Lowering Device)라고 해. 이 커다란 풍선은 얇게 접고 펼 수 있으며, 무게가 37킬로그램 정도여서 쉽게 우주로 내보낼 수 있어. 이 풍선은 적은 양의 가스로 팽창이 가능하고 구멍이 생겨도 작동이 가능해. 그러니까 이 거대한 풍선의 구멍으로 우주 쓰레기를 거둬들인 후에 지구로 내려오는 거지.

 정말 여러 가지 방법이 있네.

 과학자들은 인공위성이 안전하게 지구 주위를 돌 수 있도록 지구를 에워싼 우주 쓰레기를 전부 다 청소할 수 있는 방법을 계속 연구하고 있어. 비용이 적게 들면서 효과

적인 우주 쓰레기 청소법을 말이야. 앞으로는 더 많은 새로운 청소법이 개발될 거야. 과제 완수. 이번 알파벳은 G.

 지금까지 얻은 구슬의 알파벳을 순서대로 나열해볼게.

 이런 이름의 과학자도 있어?

 글쎄······.

 가만! 뭔가 규칙이 있어.

 어떤 규칙?

 내가 한번 재배열 해볼게.

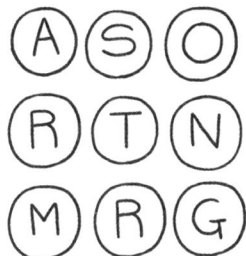

 세로로 읽어봐.

 그러면……, ARMSTRONG!

 암스트롱이 우리가 찾는 과학자야.

 박사님의 우주여행 과제를 완벽하게 해결했어.

Project 1. 우주여행 업그레이드

우주여행에 대해 현재 인류가 실현한 방식은 로켓 또는 우주 왕복선을 이용한 방법입니다. 책에 소개된 태양 돛, 우주 엘리베이터 등 다양한 우주비행 방식들은 현재로서는 이론적으로만 가능하답니다. 지금의 기술력으로는 이런 장치를 만들어 우주여행을 하거나, 거대한 스페이스 콜로니를 만드는 것이 가능하지 않습니다. 여러분은 아직 어리지만 무한한 상상력을 가지고 있습니다. 여러분들의 장난스러운 생각이 미래의 우주 개발에 큰 도움을 주는 방법이 될지도 모르니까요. 그러니까 여러분만의 과학 일기를 기록해두면 어떨까요? 훌륭한 우주 과학자가 될 수 있을 것입니다.

제 2 부

태양계 탐사

코스캔, 코스피어, 코스큐브 집합! 축하한다. 우주여행 과제 수행으로 너희들은 한 단계 업그레이드되었다. 이제 너희들 모두에게 순간 이동 능력과 변신 능력이 추가되었다. 이 두 기능을 이용한 두 번째 과제를 주겠다. 그동안 너희들에게 2021년까지의 태양계에 대한 이론과 정보를 학습을 시켰다. 코스캔, 태양계의 정의를 말해봐라.

태양을 중심으로 태양 주위를 도는 행성과 행성 주위를 도는 위성, 행성이 되지 못하고 작게 부서진 천체들로 이루어진 소행성대로 이루어져 있는 태양의 가족들을 태양계라고 합니다. 이 중 태양처럼 스스로 빛을 내는 천체를 항성 또는 별이라고 부릅니다.

코스피어! 태양계에는 몇 개의 행성이 있지?

수성, 금성, 지구, 화성, 목성, 토성, 천왕성, 해왕성, 명왕성 이렇게 아홉개가 있습니다.

명왕성은 2006년 8월 국제천문연맹에서 행성 자격이 박탈되었어.

데이터베이스의 업데이트가 덜 됐나봐.

코스캔 말대로 태양계의 행성은 수성, 금성, 지구, 화성, 목성, 토성, 천왕성, 해왕성까지 모두 여덟 개다. 또한 혜

성도 태양계의 식구다. 태양계의 카이퍼 벨트에서 주로 만들어져서 태양 쪽으로 마구 휘젓고 돌아다니는 얼음조각이 바로 혜성이지. 이제 너희들은 수성부터 시작해서 카이퍼 벨트까지 태양계 탐사를 한다. 직접 탐사를 통해 태양계에 대한 정보가 너희들의 인공지능을 업그레이드 시켜줄 것이다. 수집한 자료들은 코스큐브를 통해 내게 전송해라.

 탐사만 하면 되나요?

 너희들이 각각의 천체에 도착하면 코스큐브에게 과제를 전달하도록 하겠다. 너희들이 탐사하는 방문지에서 화려하게 빛나는 유니버스 카드를 찾아라. 모든 유니버스 카드의 알파벳을 모으면 과학자의 이름이 나올 것이다. 이번에도 역시 최종 과제는 이 과학자 이름을 맞히는 것이다.

수성 북극에서 스노보드

 로봇 합체!! 수성을 향해 출발!

 저길 봐! 곰보별이야.

 별이 아니라 행성이야. 저게 바로 우리의 첫 번째 방문지, 곰보 행성, 수성이야. 수성은 태양에서 제일 가까운 행성이야.

 왜 곰보투성이지?

 커다란 운석들과 충돌이 자주 일어나기 때문이야.

 지구는 곰보가 아니잖아?

 지구는 두터운 대기로 둘러 싸여 있거든. 충돌하는 운석 대부분이 지구의 대기와 부딪히면서 타버리기 때문에, 지구는 커다란 운석과의 충돌로 생긴 구덩이들이 많지 않거든. 그런데 수성은 대기가 아주 희박해서 거대한 운석들이 수성 표면에 아주 빠르게 충돌하지. 그 충돌로 거대한 구덩이들이 만들어지는 거야. 코스큐브! 수성의 운석 구덩이는 어떤 게 있지?

 칼로리스 분지, 베토벤 분지, 톨스토이 분지와 같은 거대한 분지들이 있어. 이 중 칼로리스 분지는 태양계에서 가장 큰 분지로, 지름이 1,550킬로미터야.

 서울에서 부산까지 거리가 약 395킬로미터 정도인데, 세 배가 넘네.

 수성은 영어로 머큐리(Mecury)라고 하잖아? 왜 이런 이름이 붙은 거지?

 수성은 기원전 3000년에 수메르 사람들이 발견했고, 'Ubu-idim-gud-ud'라고 불렀어. 고대 그리스의 헤라클레이토스는 수성과 금성이 지구가 아닌 태양 주위를 돈다고 생각했어. 그래서 고대 그리스 사람들은 수성을 그리스 신 헤르메스로 불렀어. 헤르메스는 발이 빨라서 전

령 역할을 하는 신인
데, 수성이 태양에서
제일 가깝게, 빠르게
돌기 때문에 이런 이
름을 붙인 거야.

 머큐리가 아니라
헤르메스?

 그리스 신들의 이름은 로마시대에 로마식 이름으로 바뀌
는데, 헤르메스의 로마식 이름이 머큐리야. 수성의 기호
는 헤르메스의 날개 달린 모자와 지팡이를 나타낸 거야.

 코스큐브! 수성에 대한 기본 정보 부탁해!

 수성은 태양계의 행성 중에서 제일 작아. 지구의 반지름
이 약 6,400킬로미터인데, 수성의 반지름은 약 2,440킬
로미터 정도야. 그리고 수성의 질량은 지구의 질량의
0.055배 정도로, 엄청 가벼운 행성이야.

 오케이. 이제 수성 착륙!

 몸이 가벼워지는 기분이야.

 지구보다 중력이 작아서 그래. 수성의 중력은 지구 중력

의 약 0.337배 정도야. 중력이 작으면 같은 속도로 점프해도 더 높이 올라갈 수 있어.

 얼마나 높이 올라가는데?

 지구에서 1미터를 점프할 수 있었던 사람이 수성에서는 2미터 65센티미터를 점프할 수 있어.

 코스캔! 내가 지금 수성의 대기 성분을 조사해봤어.

 어떤 결과가 나왔어?

 대기가 너무 희박해. 수성의 대기는 헬륨, 나트륨, 칼륨으로 이루어져 있어. 하지만 너무 희박해서 거의 대기가 없다고 생각하면 돼.

 기온이 계속 올라가고 있어. 열 감지 센서가 고온주의보를 발동하는데?

 현재 기온 427℃. 수성이 뜨거운 이유는 태양과의 거리가 가까워서야.

냉각기를 작동해야겠어.

 지구에서는 일 년이 365일이잖아? 수성의 일 년과 하루는 어떻게 되는데?

 모든 행성은 스스로 한 바퀴를 도는 데, 이것을 자전이라고 불러. 한 번 자전하는 데 걸리는 시간을 하루라고 부르지. 또 태양계의 행성은 태양을 중심으로 한 바퀴 도는데, 이것을 공전이라고 불러. 한 번 공전하는데 걸리는 시간은 일 년이라고 부르고. 지구의 일 년은 지구에서 하루의 365배야. 즉, 하루가 365번 지나면 일 년이 되는 거지. 하지만 수성의 시간은 지구랑 많이 달라. 수성이 자전하는 데 걸리는 시간이 수성에서의 하루인데, 이를 1수성일이라고 해. 1수성일은 지구의 시간으로는 59일이야. 수성이 태양을 한 바퀴 도는 데 걸리는 시간이 수성의 일 년인데, 이것을 1수성년이라고 불러. 1수성년은 지구의 시간으로 88일 정도야. 그러니까 수성에서의 일 년은 수성에서의 하루의 두 배가 안 되는 거지.

 수성에서는 매년 달력에 이틀만 표시 되겠네.

 수성과 지구가 또 다른 게 있어?

 수성에서는 하루 동안 해가 같은 크기로 보이지 않아. 해가 크게 보였다가 작게 보였다가 하는 일이 생겨. 지구에서는 온종일 해가 항상 같은 크기로 보이지만.

 왜 그런 거지?

 수성이 태양 주위를 원을 그리면서 돌지 않고 타원을 그리면서 돌기 때문이야.

 타원?

 찌그러진 원이라고 생각하면 돼.

 수성이 태양 주위를 타원을 그리면서 돌기 때문에, 태양에서 수성이 가까울 때는 태양이 크게 보이고 멀 때는 작게 보여.

 박사님으로부터 방금 메시지가 왔어. 이번 과제는 수성의 북극 얼음산에서 스노보드를 타고 인증사진을 보내야 해.

 우와! 놀랍네. 태양에서 엄청 가까운데, 얼음이 있다니!

 안티모스가 우릴 방해하지 않을까?

 일단 가보자.

 진짜로 얼음산이 있을 줄이야!

 다행이야. 안티모스의 인공지능이 완전하지 않아서 말이지. 물과 금속이 만나면 열이 발생하는데, 금속보드를 타고 오다니…….

 유리 보드 덕분에 무사히 첫 과제 완료! 첫 번째 유니버스 카드는 A.

02

미의 여신, 금성

 이번 목적지는 태양계의 두 번째 행성인 금성이야. 이번 미션은 금성에 사람이 살 수 있는 인공 도시를 설계하는 거야. 코스큐브! 금성에 대한 기본 정보!

 태양에서 금성까지의 거리는 태양에서 지구까지 거리의 약 0.72배 정도야. 반지름은 6,052킬로미터로 지구보다 조금 작고, 질량은 지구의 81.5%로 태양계의 행성 중에서 지구랑 크기가 제일 비슷해.

 금성은 영어로 비너스(Venus)야. 비너스는 영어식 이름이고, 그리스 식 이름은 아프로디테야. 아프로디테는 사랑과 미의 여신이지.

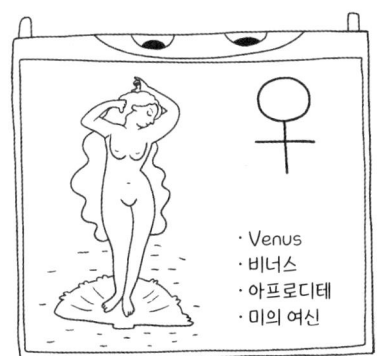

 금성을 나타내는 기호는 생물학에서 암컷을 가리키는 기호야.

 저기 금성이 보여. 금성은 곰보 행성이 아니군.

 금성은 두꺼운 대기를 가지고 있어서, 운석에 의한 충돌 구덩이가 거의 없어.

 엄청나게 밝아. 금처럼 노란 빛깔에.

 그래서 금성이구나.

 금성의 대기가 노란빛을 반사시켜서 금성이 노란 색으로 보이는 거야. 지구에서 볼 때 금성은 태양, 달 다음으로 밝아. 금성은 해가 뜨기 전이나 해가 진 직후에 맨 눈으로 볼 수 있어. 그래서 금성을 샛별이라고 불러. 샛별은 새벽에 동쪽 하늘에 매우 밝게 보이는 별을 말하는데……. 물론 금성이 별은 아니야.

스스로 빛을 내지 못하니까, 별이 아닌 거지?

 맞아. 금성은 다른 말로 개밥바라기라고도 불러. 이건 금성이 해가 질 무렵 서쪽 하늘에서 보이는 걸 보고 말한 거야. 그때쯤 개가 배고파서 밥을 바라는 시간이거든.

 자! 이제 금성에 착륙하자.

 조심해. 측정 결과 금성의 대기에 황산 구름이 많은 것으로 관측되었어. 이 구름에서 황산비가 내리는데, 우리 몸이 닿으면 녹아버릴 거야. 코스캔! 유리 파라솔을 펼치고 내려가자.

 오케이.

 표면에 착륙해도 계속 황산 차폐 우산을 쓰고 다녀야겠네.

 그렇지 않아. 금성의 황산비는 표면에는 내리지 않거든.

 그건 왜지?

 금성의 대기 대부분은 이산화탄소로 이루어져 있어. 이산화탄소가 대표적인 온실 가스인건 알지? 그러니까 금성이 태양으로부터 받은 열이 이산화탄소 때문에 우주로 빠 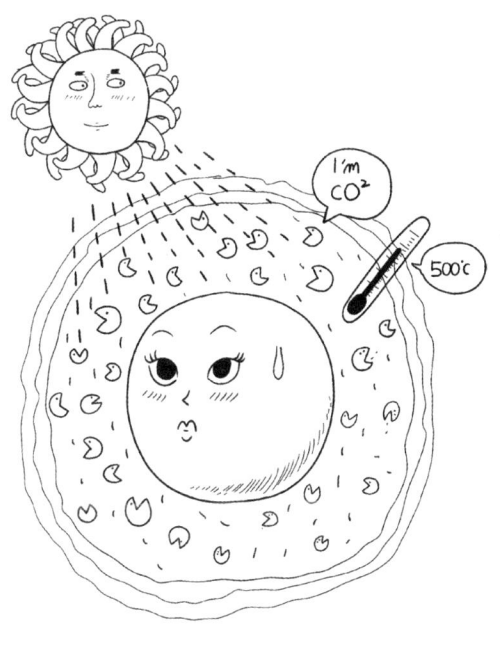 져나가지 못해 대기에 계속 남아 있어서, 금성의 대기는 엄청 뜨거워. 대기가 너무 뜨거워서 황산비가 내리다가 뜨거워진 대기와 만나 증발해서 다시 올라가버리거든. 그래서 금성의 표면까지 비가 내리지 않는 거지. 최근 지구도 자동차나 공장에서 뿜어내는 이산화탄소 때문에, 태양으로부터 받은 열이 우주로 빠져나가지 못해 점점 뜨거워지고 있잖아.

 지구 온난화 얘기를 하는 거지?

맞아. 이렇게 이산화탄소로 인한 온실 효과 때문에, 금성은 수성보다 태양에서 멀리 떨어져 있는데도 태양계에서 제일 뜨거운 행성이야. 최고로 온도가 높을 때는 500℃까지도 올라가.

 자! 이제 착륙!

 거대한 코끼리가 내 몸 위에 올라 탄 거 같아.

 미안! 대기압 체크를 안 했어. 금성의 강한 대기압 때문이야. 금성의 대기압은 지구 대기압의 약 92배 정도거든.

 대기압이 뭐지?

 대기가 주는 압력이야. 압력은 힘을 넓이로 나눈 양이야. 그러니까 작용하는 힘은 작용하는 넓이가 적을수록 커져. 좀 쉬운 예로, 송곳의 끝을 뾰족하게 만드는 이유는 작용하는 힘의 넓이를 작게 만들기 위해서야. 그러면 같은 힘을 작용해도 압력이 커져서 두꺼운 종이를 뚫을 수 있게 되거든.

 대기는 어떻게 압력을 주는데?

 지구를 생각해봐. 지구는 공기로 둘러싸여 있어. 공기는 눈에 보이지는 않지만, 질량을 가진 입자들로 이루어져 있지. 이렇게 질량을 가진 물체를 지구가 잡아당기는데, 그걸 물체가 받는 중력이라고 하지. 이것을 물체의 무게라고 해. 중력을 받은 공기가 우리를 누르는 압력을 기압, 또는 대기압이라고 불러. 금성에서는 지구에서 보다 더 무거운 공기기둥을 머리 위에 얹고 다니는 거야. 그래서 우리가 그 압력 때문에 납작하게 된 거야.

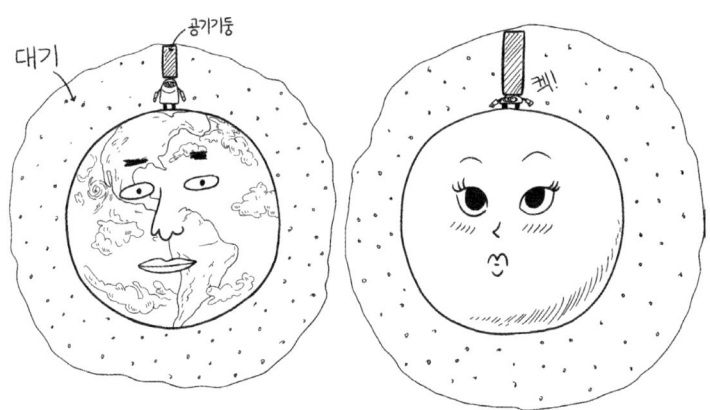

 으아, 설명은 이따가 다시 해줘. 우선 풍선을 타고 위로 올라가야겠어. 위로 올라가면 공기기둥이 작아지니까 압력이 작아질 거야. 코스피어, 플라스틱 풍선으로 변신!

 왜 플라스틱이지?

 플라스틱은 황산에 잘 녹지 않으니까.

 저길 봐. 해가 뜨고 있어.

 가만! 이상하네.

 뭐가?

 해 뜨는 곳이 서쪽이야.

 금성이 지구와는 반대 방향으로 자전하기 때문이야. 그래서 해가 서쪽에서 떠서 동쪽으로 지는 거야.

 금성 말고 서쪽에서 해가 뜨는 다른 행성도 있어?

 태양계에는 없어. 금성뿐이야. 또 금성은 태양계에서 유일하게 일 년이 하루보다 짧은 행성이야. 금성의 일 년(1금성년)은 지구의 시간으로 225일이고, 금성의 하루(1금성일)는 지구의 시간으로 243일로 거의 비슷해. 금성의 하루가 긴 건 금성이 엄청나게 느리게 자전해서야.

 하루 만에 한 살씩 먹는 거네.

저 아래 보이는 산이 금성에서 제일 높은 맥스웰 산이야.

 에베레스트 산보다 높아?

 11킬로미터 정도니까, 에베레스트산보다 높아.

 금성에는 거대한 대륙이 있어. 그래서 그 위치에 따라 북반구와 남반구로 나뉘었어. 지금 우리가 보고 있는 곳은 북반구의 이슈타르 테라 대륙이야. 우리가 아직 보지 못한 남반구에 있는 대륙은 아프로디테 테라 대륙이야.

 두 대륙의 크기를 지구의 대륙과 비교하면, 이슈타르 테라 대륙은 오스트레일리아와 비슷하고, 아프로디테 테라 대륙은 남아메리카와 비슷해.

 코스큐브, 박사님의 과제가 뭐였지?

 여기는 대기압이 너무 큰데, 사람이 살 수 있는 인공 도시를 만들 수 있을까?

 가만! 측정기에 다른 로봇이 감지됐어.

 저길 봐! 안티모스가 바람에 날아가고 있어.

 금성에서는 항상 강한 바람이 불어. 초속 300킬로미터 이상의 강풍이 자주 불지.

 좋은 생각이 났어!

 뭔데?

 금성 표면은 대기압이 너무 세서 인공 도시를 만들기 힘들겠지. 하지만 대기압은 위로 올라갈수록 작아지거든. 공중 도시를 만들면 어떨까? 물론 금성의 대기권에서는 항상 황산비가 내리고 있으니까, 공중 도시의 하늘에 이 비를 견딜 수 있는 물질로 만들어진 차폐막 같은 것을 설치하면 사람들이 살 수 있을 거 같은데……. 공중 도시라면 지구의 대기압 보다 조금 높은 정도의 압력을 받을 테고, 기온도 40℃에서 80℃ 정도니까 사람이 살 수 있을 거야.

 Mission completed!

 이번 알파벳은 R이군.

슈퍼 곰보 위성, 달

이번 목적지는 행성이 아니라 위성이야. 바로 지구의 유일한 위성인 달이야. 저기 달이 보인다.

달은 수성보다 더 곰보투성이네. 슈퍼 곰보 위성이야. 그런데 왜 표면이 매끄럽지 않고 곰보투성이가 된 거지?

수성은 희박하게나마 대기를 가지고 있지만, 달은 대기가 전혀 없어. 그래서 달에는 운석과의 충돌에 의해 생기는 크레이터라고 부르는 충돌 구덩이가 더 많아. 그게 수성보다 더 곰보투성이인 이유지.

코스큐브 실험 해볼게! 코스피어, 찐빵 변신! 코스캔, 장난감 총 변신! 코스캔, 찐빵에 사격!

코스캔 찐빵에 크레이터들이 생겼어!

코스큐브 코스피어! 솜으로 둘러싼 새로운 찐빵으로 변신! 코스캔, 사격!

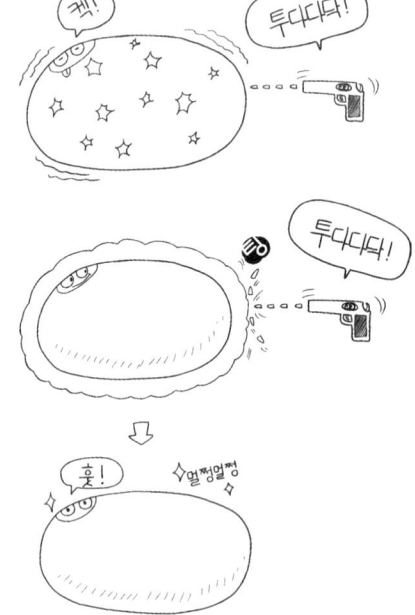

코스피어 아하! 찐빵을 에워싼 솜처럼 지구는 대기가 에워싸고 있어서 운석과의 충돌이 덜 생기는구나! 정말 지구는 축복 받은 행성이야.

코스캔 코스큐브! 달에 대한 기본 정보를 알려줘!

코스큐브 지구에서 달까지의 거리는 약 38만4천 킬로미터로, 지구 지름의 30배 정도야. 달의 반지름은 지구 반지름의 약 4분의1 정도이고, 달의 질량은 지구의 지구 질량의 약 81분의1 정도로 가벼워.

 모든 크레이터들이 운석과의 충돌로 생긴 거야?

 그렇진 않아. 대부분의 크레이터들은 운석과의 충돌로 생겨났지만, 지름이 1킬로미터 정도로 작은 분화구는 화산 폭발로 만들어졌어.

 왜 큰 건 크레이터라고 부르고, 작은 건 분화구라고 불러?

 크기 때문에 다르게 부르는 게 아니야. 운석 충돌, 화산 폭발 등으로 인해 천체 표면에 생겨나는 거대한 구덩이를 크레이터라고 하는데, 이 중 화산 폭발에 의해 생긴 구덩이를 분화구라고 불러.

 달의 하루와 일 년은 어떻게 되지?

 달은 일 년과 하루가 같아. 지구의 시간으로 따지면 약 30일 정도야. 코스큐브! 달의 기온은 어느 정도지?

 달의 적도지방에서 가장 더울 때는 117℃ 정도이고, 가장 추울 때는 영하 173℃ 정도야.

 사람이 살기엔 별로 좋지 않는 온도군. 그런데 달은 어떻게 생긴 거지?

 달은 44억 년 전에 생겼는데, 달의 기원에 대해서는 세

가지 설이 있어. 세 가지 이론을 형제설, 부부설, 충돌설이라고 불러.

 이름이 너무 재밌네.

 형제설은 지구가 생겼을 때 달도 같이 생겼다는 이론이야. 부부설은 소행성이 우주를 떠돌아다니다가 지구의 중력에 붙잡혀 지구를 돌게 되었다는 이론이지. 마지막으로 충돌설은 화성만한 거대한 천체와 지구와의 충돌로 생긴 파편이 지구 주위를 돌면서 달이 되었다는 이론이야.

 달에서 검게 보이는 부분은 뭐지?

 달의 바다야.

 해수욕할 수 있는 거야?

 달의 바다에는 물이 없어. 달의 표면에서 검게 보이는 평지를 달의 바다라고 불러. 망원경으로 달의 검은 부분을 처음 관측한 과학자는 케플러야. 케플러는 검게 보이는 부분이 바다일 거라고 생각하고 이름을 붙였거든. 인류 최초로 달에 간 아폴로 11호가 착륙한 곳도 고요의 바다라고 부르는 달의 바다 지역이야.

 자! 이제 달에 착륙했어!

 저길 봐! 발자국이 있어.

 1969년 달에 첫 발을 디딘 암스트롱의 발자국이야.

 우와! 그런데 아직까지 안 사라졌어?

달에는 바람이 불지 않아서 발자국이 영원히 사라지지 않아. 달에서 모래성을 만들면, 누군가 만지지 않는 한 영원히 허물어지지 않지.

 박사님 과제가 왔어. 문 타워로 가서 유니버스 카드를 찾아야 해.

 문 타워가 어디 있지?

 내게 맡겨. 달 내비게이션 작동! 순간 이동!

 와우. 엄청 높은 건물이 있어. 어? 아무리 찾아도 2층으로 가는 계단도 엘리베이터도 없어. 줄 타고 올라가야 하나?

 그럴 필요 없어. 달은 중력이 지구의 6분의 1 정도로 아주 작아. 그래서 지구에서보다 6배 높이 뛰어 오를 수 있어. 지구에서 60센티미터 점프하는 사람은 달에서는 3미터 60센티미터 뛰어 오를 수 있는 거지. 그래서 2층까지 계단을 만들 필요가 없는 거지. 지구에서 남자 높이 뛰기 세계 신기록 보유자인 소토마요

르는 2미터 45센티미터 뛰어 올랐는데, 달에서 뛰면 14미터 70센티미터를 뛰어 오를 수 있게 돼.

 우와 거의 4층까지 점프하는 거네.

 높이뛰기뿐만 아니라 멀리뛰기도 달에서는 6배 더 멀리 뛸 수 있어. 멀리뛰기 남자 세계 기록은 포웰이 세운 8미터 95센티미터인데, 그가 달에서 멀리뛰기를 하면 53미터 70센티미터를 뛸 수 있지.

 그럼, 점프해보자. 대단하군!

 2층에서 엘리베이터를 타고 10층까지 올라가자.

 10층은 텅 비었네. 아무것도 없어. 카드는 어디 있는 거지?

 저기 베란다에 안티모스가 있어.

우리 카드를 들고 있잖아?

 달에서의 질량은 지구와 다르지 않지만, 무게는 6분의 1로 줄어들거든. 그러니까 지구에서 100킬로그램을 들 수 있는 사람은 달에서 600킬로그램을 들 수 있어.

코스피어 안티모스가 지니고 있던 카드에 적힌 알파벳은 L 이야.

화성에서 환상의 스키 쇼

 이번 목적지는 태양계의 네 번째 행성인 화성이야. 영어로는 마르스(Mars)로 표기해.

 왜 마르스라고 부르지?

 처음부터 마르스라고 부른 건 아니었어. 망원경으로 봤을 때 붉게 보이는 화성을 바빌로니아 사람들은 네르갈(Nergal, '위대한 영웅' 또는 '전쟁의 왕.' 원래 뜻은 '커다란 집의 주인'), 이집트 사람들은 Har Decher(붉은 것) 혹은 '죽음의 별'이라고 불렀어. 그리고 그리스와 로마 사람들은 화성의 붉은 빛이 전쟁, 투쟁, 정열을 나타낸다고 생각해서 전쟁의 신의 이름을 따서 아레스(Ares) 혹은 마르스라고 불렀어. 아레스의 로마식 이름이 마르스거든.

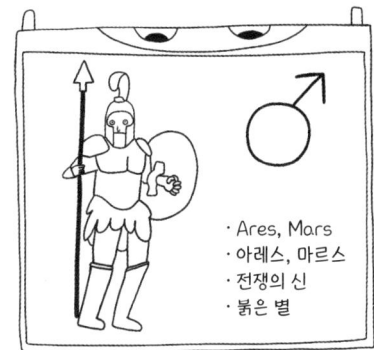

- Ares, Mars
- 아레스, 마르스
- 전쟁의 신
- 붉은 별

화성은 어떤 기호로 나타내지?

 화성의 기호는 마르스의 방패와 창을 나타내는데, 화살표처럼 보여.

 화성은 왜 붉은 거지?

 대지를 뒤덮은 먼지들이 붉은 색을 띠기 때문이야. 화성의 먼지는 녹슨 철가루들이야. 철이 녹슬면 붉은 색을 띠거든. 그건 피가 붉은 이유랑 같아. 피 속에는 철이 들어있는데 우리가 산소를 호흡하면 철과 산소가 만나서 산화철이 되거든. 철이 녹슨다는 건 철이 산소를 만나 산화철이 된다는 것을 뜻해. 그러니까 우리의 피가 붉은 이유나 화성의 대기가 붉은 이유가 같은 거야. 코스큐브! 화성에 대한 기본 정보를 알려줘.

 오케이. 화성은 지구랑 하루가 거의 비슷해. 1화성일이 지구시간으로 24시간 37분정도니까. 1년의 길이는 지구의 약 1.9배 정도야. 즉, 1 화성년은 지구 시간으로 약 687일이야. 화성의 반지름은 지구의 0.53배 정도이고, 중력의 크기는 지구의 0.38배. 자! 이제 화성의 대기권 진입.

 저길 봐. 화성에 사람의 얼굴이 있어.

 저곳에 착륙해보자.

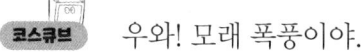 그냥 바위산이었잖아?
산의 그림자가 눈, 코,
입으로 보인 거였네.

코스큐브 우와! 모래 폭풍이야.

 화성의 대지는 붉은 색이 아니네.

 화성의 대지는 회색빛이야. 자! 우리의 첫 번째 관광지인 매리너스 협곡으로 순간 이동!

 미국의 그랜드 캐니언과 비슷한데.

 여기는 그랜드 캐니언에 비해 엄청 거대한 협곡이야. 그랜드 캐니언은 길이가 800킬로미터, 폭이 30킬로미터, 깊이가 1.8킬로미터이지만, 매리너스 협곡은 길이가 3,000킬로미터, 폭이 600킬로미터, 깊이가 8킬로미터야. 우리가 서있는 곳에서 바닥까지 깊이가 거의 히말라야 산맥의 높은 봉우리 수준이잖아!

 어떻게 이런 거대한 협곡이 만들어진 거지?

 과학자들은 아주 옛날 화성에 물이 있었고, 그때 강이 흐르면서 바위를 침식시켜서 이런 거대한 협곡이 만들어졌다고 주장하고 있어.

 지금은 강이 없는데?

과거에 강이 있었다는 결정적인 증거가 있어.

 그게 뭔데?

 화성의 협곡에서는 둥근 돌이 발견됐어. 이런 둥근 돌은 물이 흐르면서 돌이 둥그렇게 변해서 만들어지거든.

 지금도 물이 흐르면 정말 멋있을 텐데.

 화성에 흐르는 강은 없지만, 대신 태양계에서 제일 높은 산이 있어.

 얼마나 높지?

 지구에서 제일 높은 산은 에베레스트 산으로 8,848미터인데, 화성의 올림퍼스 산은 높이가 27킬로미터야. 이 산이 차지하는 영역은 한반도 정도 크기야.

 이런 산이 우리나라에 있다면 우리는 모두 산에서 사는 거네.

 박사님으로부터 과제가 도착했어. 화성의 북극으로 가서, 스키를 타래.

 우와! 우리가 아이돌 스타가 된 거 같아. 우리가 지나갈 때마다 흰 연기가 뿜어 나와.

 화성의 극지방은 얼음과 드라이아이스로 이루어져 있어. 지하에는 엄청난 양의 물이 있지.

 연기는 왜 피어오르는 거지?

 드라이아이스는 고체 상태의 이산화탄소야. 스키를 타고 달리면 바닥에 열이 생기는데, 이 열이 고체 상태의 이산화탄소를 기체 상태로 바꾸어주거든. 이 기체가 우리 눈에 보인 거야.

 이산화탄소는 눈에 보이지 않는 기체야.

 그럼, 저 뿌연 연기는 뭐지?

 스키를 타고 달리면 드라이아이스만 기체로 변하는 게 아니라, 얼음도 기체인 수증기로 변해. 지금 우리 눈에 보이는 연기는 바로 수증기야.

 역시 과학이론은 코스캔에게 맡겨야겠네.

 와! 눈이 온다.

 드라이아이스가 만드는 눈이야.

 정말 멋있다.

 우리는 로봇이니까 괜찮지만, 사람들은 저 눈을 맞으면 동상을 입을 거야. 저 눈의 온도는 영하 78.5℃거든.

 우리가 로봇인 게 천만다행이다.

 저길 봐! 유니버스 카드야.

가만, 저 앞에 달려가는 건 누구지?

 안티모스야.

 안티모스에게 카드를 빼앗기면 안 돼.

 하지만 너무 앞서 가는데.

 내게 맡겨! 코스피어 준비 됐지? 던진다!

 이번 알파벳은 S이네.

 어두워졌어.

 저길 봐! 달이 두 개야.

 화성의 위성은 두 개거든. 작게 보이는 게 데이모스이고, 크게 보이는 게 포보스야. 포보스는 크기가 27킬로미터 정도이고, 데이모스는 15킬로미터 정도야.

 화성의 달은 동그랗지가 않네.

 화성의 두 위성은 동그란 공 모양이 아니라 감자 모양이야. 이 중 데이모스는 화성에서 23,000킬로미터 떨어져 있고, 포보스는 화성에서 9,000킬로미터 조금 넘는 거리에 있어. 그런데, 포보스는 좀 위험해.

포보스

데이모스

포보스가 왜 위험한 거지?

 포보스가 부서질 지도 몰라. 포보스는 화성에서 너무 가깝거든. 그런데 화성이 포보스에 작용하는 중력의 크기가 화성에 가까운 곳과 먼 곳이 달라. 힘의 크기가 다른 두 지역 사이에 힘의 차이가 생기면, 물체가 잡아당겨지면서 기조력이 생겨 산산이 부서지거든. 여기서 기조력은 두 지역 사이의 힘의 차이 때문에 물체를 부서지게 하는 힘을 말해.

 포보스가 부서지면 어떻게 되는데?

 수많은 조각들이 화성 주위를 돌면서 고리를 만드는 거지. 이번 과제도 완수!

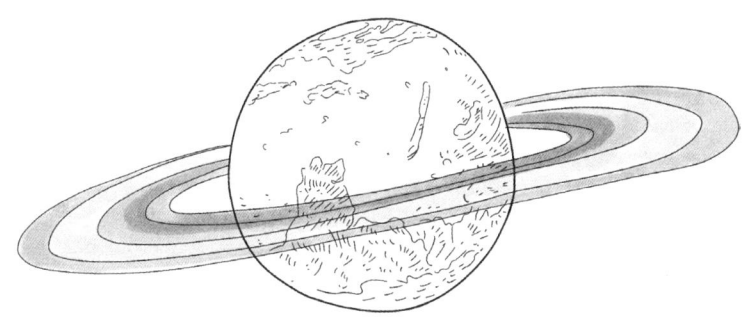

조각조각 부서진 소행성대

 이제 소행성대로 가야해.

 화성 다음은 목성이잖아?

 화성과 목성 사이에 행성이 되지 못할 정도로 작은 천체들이 모여 있는 곳이 있는데, 이곳을 소행성대라고 불러. 자! 이제 소행성대로 진입!

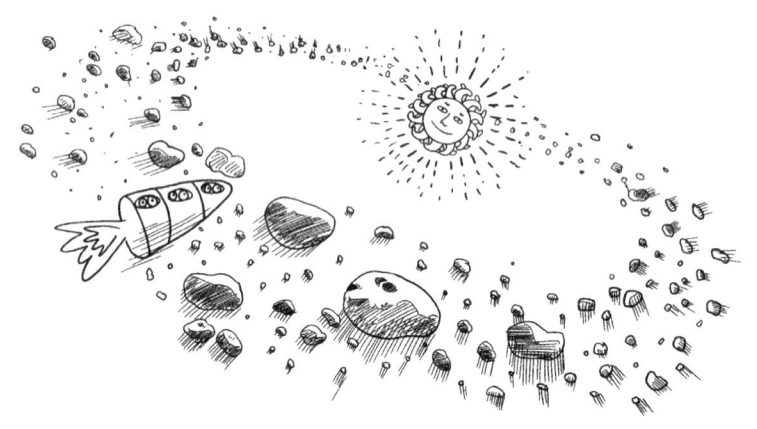

 우와! 어마어마하게 많다. 부딪히지 않도록 조심해야겠어.

 코스피어 도대체 작은 천체들이 몇 개나 있는 거야?

 코스큐브 작은 건 현미경으로 봐야할 정도로 작고, 큰 것은 지름이 1,000킬로미터에 가까운 것도 있어. 화성의 궤도와 목성의 궤도 사이에 있는 소행성대는 도넛 모양으로 수백만 개의 소행성이 있어.

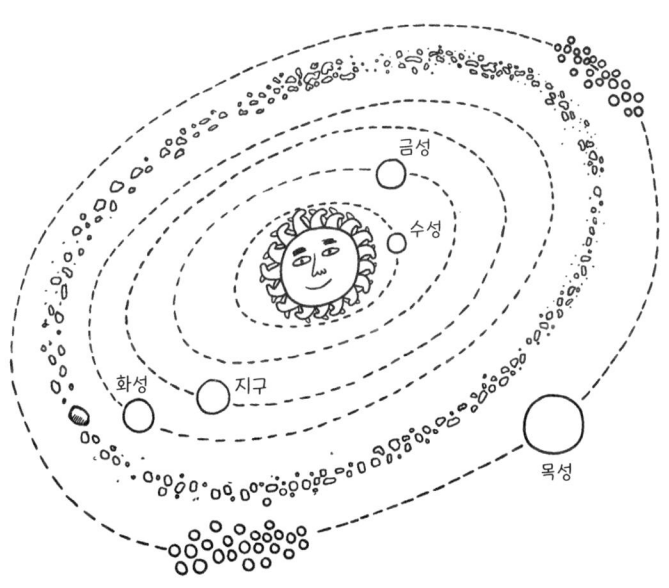

 코스피어 소행성대는 왜 생긴 거지?

 코스캔 화성과 목성 사이에 행성이 만들어지려고 할 때, 목성의 중력이 너무 커서 큰 힘으로 잡아당기는 바람에 행성이 되지 못하고 산산이 부서져 수백만 개의 소행성이 만들어졌어.

 안 부서졌으면 화성과 목성 사이에 또 하나의 행성이 있었겠군!

 그렇지.

 저길 봐! 소시지가 떠다니고 있어.

 오우무아무아라는 소행성이네. 오우무아무아는 먼 곳에서 찾아온 메신저라는 뜻이야.

 암만 봐도 소시지인데.

 코스큐브! 오우무아무아의 길이를 측정해봐.

 벌써 했어. 230미터야.

 우리 집에서 편의점까지 보다도 가깝네.

소시지 끝에 누군가 타고 있는데?

 안티모스가 시소 타듯이 놀고 있네.

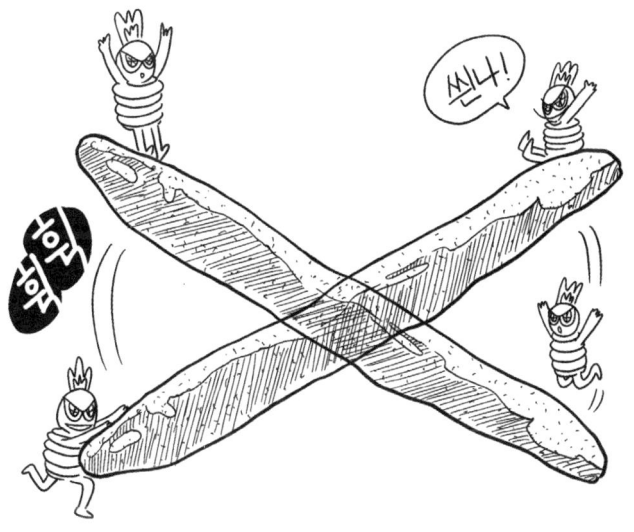

 안티모스는 게임 중독증이 있어. 그냥 내버려두고 우린 세레스에 착륙하자.

 세레스?

 소행성대에서 제일 큰 소행성이야. 소행성대에서 유일하게 공 모양을 이루고 있어.

 세레스의 지름은 500킬로미터.

 분화구 오카토르에 착륙!

 와! 얼음 호수야.

 이곳에서 소금 성분을 탐지했어.

 여기가 박사님이 말한 세레스의 유명한 소금호수야. 소금물이 얼어붙은 곳이지.

 박사님의 과제가 왔어. 소행성과 자구의 충돌을 소재로 한 웹툰 영화를 만들어 무선으로 보내래.

 유니버스 카드는?

여기는 유니버스 카드가 없대.

 웹툰은 내게 맡겨.

《딥임팩트 2021 리메이크》
극본 : 코스피어 / 연출: 코스큐브 / 조연출: 코스캔

1 소행성 연구소의 안충돌 박사가 피자를 먹으며 모니터 관찰 중 지구로 접근해오는 이상한 천체 발견

2 박사는 지구의 궤도와 이상한 천체의 궤도를 미리 컴퓨터로 시뮬레이션 한다. 그런데 한 달 뒤 지구와 충돌하게 되어 있는 이 소행성의 궤도를 보고 놀란다.

3 지구공화국의 구하라 대통령이 전 지구인을 대상으로 TV 연설 한다. 대통령은 여자, 38세

연설문: "지구공화국 대통령 구하라입니다. 소행성대에서 온 소행성 하나가 지구에 접근하고 있습니다. 이 소행성은 한 달 후면 지구와 충돌할 가능성이 매우 큽니다. 지구공화국에서는 핵미사일을 탑재한 로켓을 이용해 지구의 대기권 밖에서 소행성을 폭파하려고 합니다. 만일 이 작전이 실패하면 지구는 2년 동안 제 기능을 하지 못하게 되고, 인류는 멸종할 수 있습니다. 우리는 이 작전이 실패할 경우를 대비해, 거대한 지하 도시를 만들었습니다. 이 지하 도시에는 전 세계 인구 중 2만 명만을 수용할 수 있습니다. 소행성 충돌 후 오염된 공기가 맑아질 때까지 지낼 수 있도록 설계되었습니다. 내일부터 지구공화국 공영방송에서 인종, 나이, 성별 등 상관없이 무작위로 2만 명을 추첨하겠습니다. 모든 지구인들은 방송을 지켜봐 주십시오."

④ TV 추첨 장면

⑤ 지구를 향해 돌진 하는 소행성

⑥ 당첨 안 된 사람들이 높은 산으로 도망치려고 길이 막히는 장면

⑦ 매일 긴급 방송하는 방송국에 제보된 사연을 취재하는 여자 리포터, 리포터 옆에서 흐느끼는 남녀

리포터 멘트: 저는 지금 오늘 결혼한 부부의 사연을 여러분에게 전해드리려고 합니다. 부부 중 아내는 지하 도시에 머물 수 있게 되었고, 남편은 그렇지 못하게 되었습니다. 남편은 아내만이라고 지하 도시에 갈 수 있어 다행이라고 말하지만, 아내는 남편 없이 혼자갈 수는 없다며, 당첨된 지하 도시 티켓을 다른 사람에게 양보하겠다고 합니다.

8 이 사연을 보고 구하라 대통령이 자신의 티켓을 양보하고, 전직 우주 조종사 출신의 구하라는 로켓을 타고, 소행성 폭파하러 가기로 결심

9 두 대의 로켓(한 대는 남자 조종사인 지구출이, 다른 한 대는 구하라 대통령이 조종)이 소행성을 향해 출격, 두 대의 로켓에는 핵미사일이 탑재되어 있다.

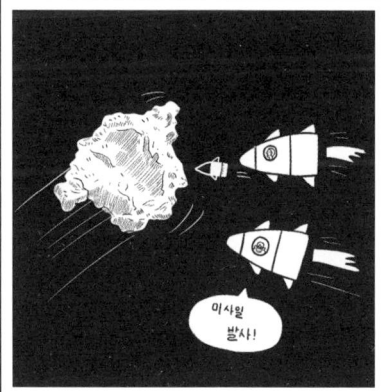

10 대기권 밖에서 지구출이 먼저 핵미사일을 소행성에 발사, 명중

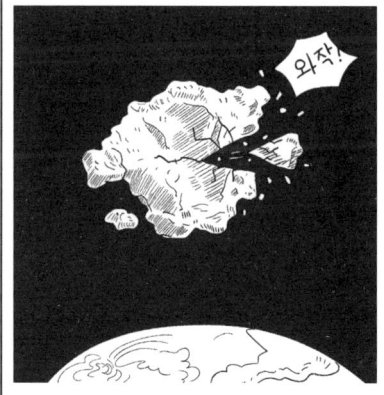

11 소행성이 두 개로 쪼개진다.

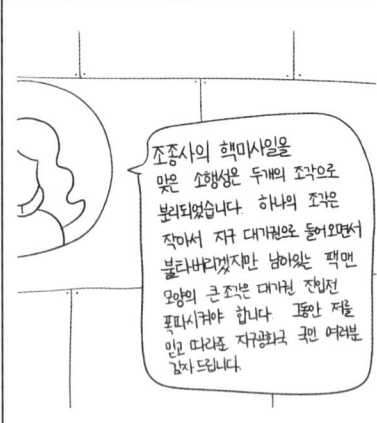

12 대통령이 로켓에서 영상 메시지

"지구출 조종사의 핵미사일을 맞은 소행성은 두 개의 조각으로 분리되었습니다. 하나의 조각은 작아서 지구 대기권으로 들어오면서 불타버리겠지만, 남아 있는 팩맨 모양의 큰 조각은 대기권 진입 전에 폭파시켜야합니다. 방법은 하나입니다. 팩맨의 중앙으로 들어가 핵미사일을 폭파시켜야합니다. 그동안 저를 믿고 따라준 지구공화국 국민 여러분 감사드립니다."

13 팩맨의 중심으로 들어가 팩맨을 부수는 데 성공한 구하라 대통령

14 지구의 하늘에는 부서진 팩맨조각들이 대기권에 불타면서 생긴 불꽃쇼

15 지구를 구한 구하라 대통령의 동상
(미소 짓는 온화한 모습)

자이언트 행성, 목성

 이제 행성 중에서 제일 큰 목성으로!

 고대 그리스 사람들은 목성이 제일 큰 행성이기 때문에 그리스의 최고 신 제우스라고 불렀어. 제우스의 로마식 표현이 바로 목성의 영어단어인 주피터(Jupiter)야.

- Jupiter
- 제우스
- 최고의 신

 목성은 어떤 기호로 나타내지?

 목성은 제우스 신이 만드는 번개를 나타내.

 기호과 꼭 숫자 4처럼 생겼네.

 코스큐브! 목성에 대한 기본정보를 알려줘.

목성은 반지름이 지구의 11.2배이고, 질량은 지구의 318배야.

 목성은 엄청 컬러풀하네.

 목성 윗부분에는 암모니아가 약간 있는데, 이것이 얼어서 빛을 반사시켜 여러 가지 색깔을 만들어내는 거야. 자! 이제 목성에 착륙하자.

 안티모스가 우릴 따라오는데.

 걱정 마! 안티모스의 속도로는 우릴 쫓아올 수 없어.

 코스큐브! 합체 로켓 엔진이 이상해. 우리 맘대로 움직이지 않아.

 목성의 강한 중력 때문이야. 목성의 중력은 지구의 2.5배 정도로 크거든.

 도대체 여긴 어디야? 몸이 움직여지질 않아.

 여기는 대적점이라는 태풍이야. 태풍의 크기가 지구의 두 배야.

 스케일 정말 크다. 무슨 태풍이 그렇게 크지?

 크기만 큰 게 아니라 이 태풍은 사라지지 않아. 400년 전에 최초로 관측되었는데, 아직도 그대로 남아있거든.

 태풍을 피하려면 어디로 도망쳐야하지?

 대적점이 목성의 남반구에 있으니까 북쪽으로 탈출해야지.

 아무 것도 안 보여. 어디가 북쪽인지 알 수가 없어.

 코스큐브! 나침반을 작동시켜.

 나침반의 N극이 가리키는 방향으로 가면 되지?

 안 돼! 반대로 가야해. 나침반의 S극이 가리키는 방향으로 가야해.

 왜 그런 거지?

 목성 내부의 자석은 지구랑 반대야. 지구 내부의 자석은 북극 쪽이 S극이고 남극 쪽이 N극이야. 자석 사이의 힘은

N극이 S극을 끌어당기니까 나침반의 N극이 지구의 북쪽을 가리키는 거야. 하지만 목성 내부의 자석은 북극 쪽이 N극이고 남극 쪽이 S극이야. 그러니까 나침반의 S극이 목성의 북쪽을 가리키는 거야.

 휴! 드디어 태풍 대적점에서 벗어났군. 안티모스는 어디로 갔지?

 안티모스는 과학 이론이 부족해. 아마도 지구에서와 같을 거라 생각하고 나침반의 N극이 가리키는 방향으로 갔을 거야. 그리로 갔으면 태풍 속에서 고생 좀 할 거야.

 그런데 이상해.

 뭐가?

 목성은 주로 수소와 헬륨으로 이루어진 기체 행성이라고 배웠는데, 표면이 단단한데?

 목성을 이루는 물질이 주로 수소와 헬륨인 건 맞아. 그런데 목성의 표면은 주로 액체 상태의 수소와 고체 상태의 수소야.

 목성의 하루와 일 년은 어떻게 되지?

 1목성년은 지구 시간으로 약 12년이야. 하지만 목성의 하루는 지구보다 짧아. 목성이 자전하는 데 걸리는 시간이 1목성일인데, 지구 시간으로 9시간 50분이야.

 굉장히 빨리 도는군!

 박사님의 메시지야. 목성의 위성에서 갈릴레이가 발견한 위성 중 하나에 알파벳을 표시한 카드가 있을 거래.

 목성의 위성이 모두 몇 개지?

 일흔아홉 개.

 코스큐브! 갈릴레이가 발견한 위성에 대한 정보!

 갈릴레이가 발견한 위성을 갈릴레이 위성이라고 불러. 각 위성은 이오, 유로파, 가니메데, 칼리스토, 이렇게 네 개야.

 코스큐브! 가니메데에 대한 정보!

 가니메데는 태양계의 위성 중에서 가장 커. 지름이 5,262 킬로미터로 수성보다 커. 목성에서 107만 킬로미터 떨어져 있어.

 수성보다 큰데, 왜 행성이 아니고 위성이지?

 행성과 위성을 나누는 기준은 크기가 아니야. 어떤 천체를 중심으로 공전하는가에 따라 나누어져. 태양 주위를 도는 천체를 행성이라 하고, 행성 주위를 도는 천체를 위성이라고 해.

 가니메데로 순간 이동!

 표면이 얼음투성이인데?

 가니메데의 표면은 더러운 얼음과 바위들, 그리고 운석 구덩이들로 뒤덮여 있어.

 카드가 보이지 않아.

 그럼 이오로 가보자.

 이오는 목성에서 42만 킬로미터 거리에 있어. 이오로 순간 이동!

 온통 화산뿐이잖아?

 이오는 화산으로 유명한 위성이야. 400여 개의 활화산이 왕성하게 활동하고 있지. 여러 화산들이 표면에서 500킬로미터 상공까지 연기를 뿜어내.

 저길 봐! 카드가 있어.
알파벳 A야.

 오케이!
Mission completed!

 잠깐 기다려! 박사님의 두 번째 메시지야. 유로파를 탐사하고 유로파의 지하 바다에 외계인이 존재한다는 가설을 세워 스토리를 정리한 다음, 영화를 만들어 보내래.

 태양계에서 제일 큰 목성이라 과제도 두 개네.

코스큐브 유로파는 반지름이 1,561킬로미터로 지구의 0.245배야. 목성에서의 거리는 67만 킬로미터고. 유로파로 순간 이동!

코스피어 우와! 표면이 매끄러운 얼음이야. 그리고 여기저기 수증기가 뿜어 나오는데?

코스캔 얼음 아래는 바다야.

코스피어 이제 두 번째 과제를 수행해야지? 제목은 《안녕! 유로파 트리푸스》야.

훌라후프 행성, 토성

 자! 이제 다음 목적지로 고고씽! 훌라후프 행성인 토성으로 가자.

 훌라후프 행성?

 토성을 둘러싸고 있는 아름다운 고리가 훌라후프처럼 보여서 그렇게 불러봤어.

 토성은 그리스 신화에서 제우스 신의 아버지인 크로노스(Kronos)를 가리켜. 크로노스는 하늘의 신 우라노스와 대

지의 신 가이아의 후손으로 시간과 세월을 담당하는 신이야. 크로노스의 로마식 이름이 Sartunus에서 지금의 토성, 즉 새턴(Saturn)으로 바뀌게 된 거야.

 토성을 나타내는 기호는 뭐야?

 토성을 상징하는 기호는 크로노스의 낫의 모양을 형상화한 거야.

 코스큐브! 토성에 관한 기본정보!

 토성은 지구의 질량의 95배이고, 반지름이 지구의 9배 정도야. 1토성년은 지구 시간으로 29.6년, 1토성일은 지구 시간으로 10시간 33분 38초야.

 토성의 하루는 지구에서 하루의 절반이 채 안 되네. 토성에서 살면 하루를 바쁘게 살아야겠어.

 토성의 예쁜 고리를 처음 발견한 사람은 누굴까?

 갈릴레이야. 갈릴레이는 1610년 자신이 직접 만든 망원경으로 토성을 관찰했어. 그리고는 토성이 동그란 공 모양이 아니라고 생각했어. 그래서 토성은 다른 행성과 다르게 귀가 있다고 생각했지. 그 후 1655년, 네덜란드의 과학자 호이겐스가 토성의 귀가 얇고 평평한 훌라후프 모양의 고리라는 것을 알아냈지.

 자! 이제 토성에 착륙하자.

 고리가 너무 많아서 고리 위쪽으로 가야겠어.

 그럴 필요 없어. 토성의 고리는 훌라후프처럼 연속된 게 아니라 아주 작은 얼음 덩어리와 먼지 입자들이 토성 주위를 빠르게 회전하는 것이야.

 고리가 너무 예뻐.

 얼음 조각이 태양 빛을 잘 반사시켜서야. 그래서 아름다운 빛깔의 고리로 보이는 거지.

 토성의 고리는 어떻게 만들어진 거지?

 토성 주위를 가까이서 돌던 위성이 토성의 중력에 부서져서 그 조각들이 토성 주위를 빙글빙글 돌게 되었다는 설도 있고, 토성 근처로 오던 소행성이 토성의 중력에 부서져서 고리가 되었다는 설도 있어.

 충돌 방지 장치 작동! 토성 고리 진입!

 안티모스도 우릴 따라오는데.

 안티모스는 걱정 마. 충돌 방지 장치가 없을 거야.

 안티모스가 얼음 조각과 충돌했어!

 업그레이드가 안 돼서 그래.

 토성 대기권에 진입했어!

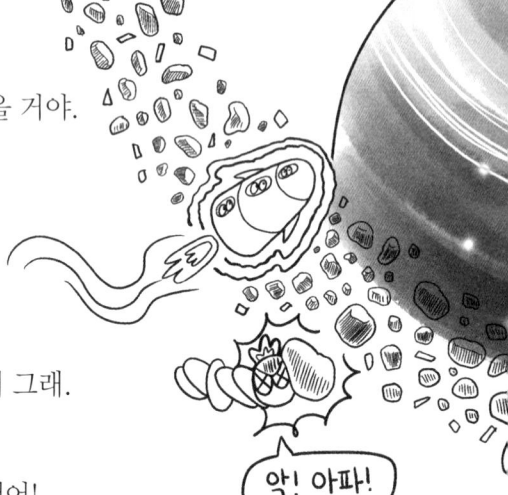

 코스피어 우와! 여긴 목성의 대적점보다 바람이 더 세. 몸을 가눌 수가 없어.

 코스캔 미안! 착륙 지점을 잘못 택했어. 여기는 대백반이라는 지역이야. 목성의 대적점처럼 오랜 시간동안 지속되는 태풍은 아니지만, 28.5년마다 발생하는 초강력 태풍이야. 1876년 아사프 홀이라는 과학자가 처음 발견했어.

 코스큐브 대백반에서는 시속 1,700킬로미터 정도의 바람이 부는데, 이는 목성의 대적점보다 다섯 배 이상이야. 우리나라에서 제일 바람이 빨랐던 태풍이 2003년에 발생한 매미인데, 매미의 바람의 속도가 시속 216킬로미터 정도니까, 대백반의 바람이 얼마나 빠른지 알겠지?

코스피어 울트라 점보 태풍이야. 도저히 몸을 가눌 수가 없어.

코스큐브 순간 이동!

코스피어 저길 봐?
용이 나타났어.

코스캔 용의 폭풍(Dragon Storm)이야. 토성에서만 볼 수 있는 현상이야.

 대백반을 피해 도망쳤더니, 이번엔 용의 폭풍이라고!

 아무래도 태풍이 너무 많아 안 되겠어. 북극으로 순간 이동하자.

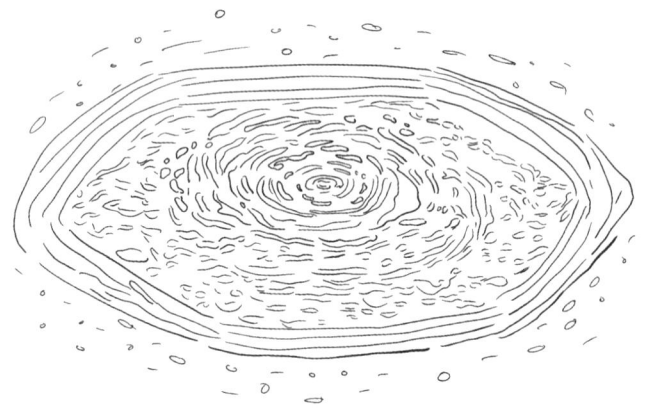

 또 태풍이잖아?

 토성의 유명한 육각형 태풍이야. 지구의 태풍은 동그란 모양이지만, 토성에는 이렇게 육각형 모양의 태풍도 있거든. 이 육각형 태풍의 지름은 지구의 지름 정도야. 태풍 중심이 시속 530킬로미터의 속도로 회전해.

 완전 태풍 3종 세트네. 토성은 훌라후프 행성이 아니라 태풍 행성이었어.

 박사님의 과제가 왔어. 토성의 위성 중 한 곳에서 유니버스 카드를 찾아야 해.

 토성의 위성이 몇 개인데?

 현재까지 발견된 건 82개 정도.

 82개의 위성을 돌아다니라는 거야?

 너무 작은 위성은 아닐 거 같아. 조금 큰 위성들부터 탐사하자. 먼저 엔셀라두스로 가보자.

 엔셀라두스는 태양계에서 가장 깨끗한 위성이야. 빛을 거의 100퍼센트 반사시키기 때문에 하얗게 보이지. 아주 희고 고운 얼음 위성이거든.

 곳곳에 물기둥이 보이는데, 물기둥은 왜 생기는 거야?

 엔셀라두스의 지각 속에는 엄청난 양의 물이 있어. 지각 속의 뜨거운 열기를 통해 이 물이 얼음을 뚫고 뿜어 나오는 거지.

엔셀라두스는 오렌지 빛 대기가 아니니까 통과!

 이아페투스로 가볼까?

 갈 필요 없어. 이아페투스는 토성의 위성 중 세 번째로 큰데, 거대한 돌덩어리 모양이야. 이곳에도 오렌지 색 대기는 없어.

 미마스로 가볼까?

 갈 필요 없어. 미마스는 지름이 397킬로미터인데, 태양계에서 가장 큰 크레이터가 있어.

 얼마나 큰데.

 폭이 130킬로미터 정도이고, 크레이터의 가장자리의 높이는 200킬로미터야.

 엄청나게 크군.

 엄청난 크레이터가 있다는 건 대기가 없다는 거구나.

 맞아, 없어.

 자! 이제 타이탄으로!

 타이탄은 1665년 호이겐스가 발견했어.

 지름이 5,152킬로미터로 수성보다 크지.

 우와! 하늘이 오렌지 빛이야.

 대기가 관측되었어.

 박사님이 말한 위성이야.

 여기서는 사람이 숨 쉴 수 있겠네?

사람이 숨 쉬려면 산소가 있어야 하는데, 타이탄의 대기에 산소는 없어. 대기의 성분은 주로 질소와 메탄이거든.

 어쨌거나 타이탄 착륙 성공!

 깜깜해. 이곳에선 토성이 안 보여.

 타이탄은 낮이 없어. 항상 깜깜한 밤이야. 오렌지색의 대기가 너무 두꺼워서 태양빛이 보이지 않거든. 그리고 대기 중에 메탄이 많아서 악취가 심해. 타이탄의 표면은 유독한 악취를 내는 끈적끈적한 것들로 뒤덮여 있어.

 메탄비가 내리고 있어.

 메탄은 기체잖아? 그런데 어떻게 비로 내리지?

 메탄이 기체인건 지구에서나 그렇고. 타이탄의 기온은 영하 180℃ 정도야. 이 온도에서 메탄은 기체가 아니라 액체 상태로 있어.

 유니버스 카드는 어디에 있지?

 탐색 결과 오른쪽 산 위에 있어.

 저길 봐! 유니버스 카드가 빛나고 있어.

 이번 알파벳은 G!!!

08

하늘의 왕, 천왕성

 자! 이제 다음 목적지는 천왕성이야.

 천왕성의 질량은 지구의 14.5배이고, 반지름은 지구의 네 배 정도야. 1천왕성일은 지구 시간으로 17시간 14분이고, 1천왕성년은 지구 시간으로 84년이야.

 천왕성은 발견자가 알려진 최초의 행성이야. 토성까지는 맨 눈으로 보이기 때문에 발견자가 정확하게 누군지 모르거든. 하지만 천왕성은 맨 눈으로 보이지 않고 망원경을 통해서만 관측돼.

 누가 발견했는데?

 음악가인 허셜 남매가 발견했어.

 음악가?

 천왕성 발견 얘기를 들려줄게. 윌리엄 허셜은 1738년 독

일 하노버에서 군악대의 오보에 연주자였던 아이작 허셜의 아들로 태어났어. 허셜의 아버지는 허셜을 훌륭한 연주자로 만들기 위해 아주 엄격하게 음악 교육을 시켰어. 그래서 연주하다가 조금만 틀려도 허셜은 아버지에게 크게 혼나곤 했어. 허셜의 아버지는 허셜에게 지구본을 사주면서 음악을 공부하는 틈틈이 우주에 대한 많은 이야기를 들려주기도 했어. 1752년 열네 살이 된 허셜은 아버지가 일하던 군악대에 들어갔어. 군악대의 일원이 된 후에도 아버지의 엄격한 음악 교육은 계속되었지. 그 후 허셜은 음악 교사가 되었지. 서른 살 때 허셜은 직접 망원경을 만들었어. 허셜은 망원경을 만들어 남들이 발견하지 못했던 새로운 별을 찾고 싶어 했어. 허셜은 여동생 캐롤라인

허셜과 함께 매일 우주의 별들을 관찰했지. 그러던 중 두 사람은 어두운 별을 보기 위해서는 빛을 가득 모을 수 있도록 망원경 속의 거울의 지름을 크게 해야 한다는 것을 알게 되었어. 하지만 당시 사용되고 있던 거울은 주석과 구리를 섞어서 만든 것이라 빛을 반사하는 비율이 낮았어. 그래서 두 사람은 전에 사용했던 거울에서 주석과 구리의 비율을 바꾸어 반사가 더 잘 되는 거울을 만들었고, 망원경에 장착해 더 어두운 별도 볼 수 있게 되었어. 1781년, 여느 때처럼 우주를 관측하던 허셜 남매는 우연히 낯선 천체를 발견했어. 그 천체는 쌍둥이자리의 한쪽 구석에서 푸르스름한 빛을 내며 천천히 움직이고 있었지. 두 사람은 이 사실을 영국의 그리니치 천문대에 알리고, 매일 그 천체의 위치를 관측했어. 그리고 두 달 동안 관측한 결과, 이 천체가 토성보다 훨씬 바깥에서 태양의 둘레를 돌고 있다는 것을 알아냈지. 이게 바로 태양의 일곱 번째 행성인 천왕성이야.

 천왕성은 영어로 우라노스(Uranus)라고 하는데, 무슨 뜻을 가지고 있지?

 우라노스는 그리스 신화에서 크로노스의 아버지야. 크로노스는 지난번에 탐험한 토성을 나타내는 그리스의 신이지. 로마식 이름으로는 카엘러스(Caelus)이지만 신기하게도 천왕성은 로마식 이름 보다는 그리스식 이름을 더 많이 사용해.

신기하군!

 모든 법칙에는 예외가 있잖아? 무엇보다 허셜은 그리스나 로마 신의 이름을 붙이고 싶지 않아했어. 허셜은 이 행성의 이름을 당시 영국의 왕 조지 3세를 기념해 조지의 행성이라고 붙였어. 하지만 다른 천문학자들이 이 이름을 싫어해서 결국 우라노스가 된 거야.

- 우라노스
- 크로노스의 아버지
- 허셜

 천왕성을 나타내는 기호는?

 천왕성의 기호를 잘 보면 알파벳 'H'를 형상화했는데, 이건 허셜의 'H'를 딴 거야.

 자! 이제 천왕성에 접근했어! 저기 보이는 행성이야.

 청녹색이네.

 천왕성의 대기가 파란빛과 초록빛만을 주로 반사시키기 때문에 청녹색으로 보이는 거야.

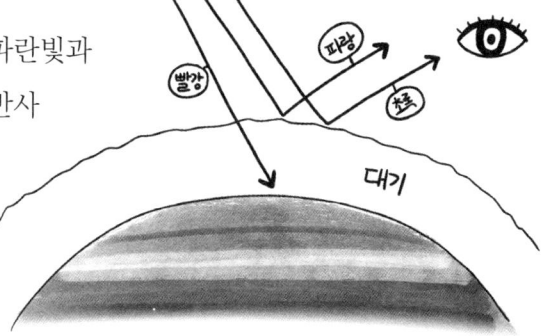

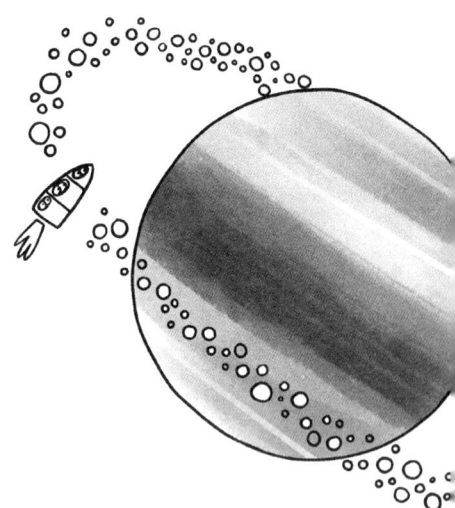

 가까이서 보니 천왕성도 고리가 있네.

 천왕성의 고리는 토성의 고리처럼 화려하지 않고, 거무튀튀해.

 왜 고리가 검은 거지?

 천왕성의 고리는 눈에 잘 안 보이는 어두운 미립자들이 천왕성 주위를 돌기 때문에 생기는 거야. 일단 충돌 방지 센서를 켜야겠다. 눈에 잘 안 보이니까, 우리랑 미립자랑 충돌할 수 있거든.

 드디어 천왕성의 대기로 진입한다. 천왕성의 대기는 주로 수소와 헬륨으로 이루어져 있지만, 사실 물, 암모니아, 메탄과 약간의 탄화수소와 같은 휘발성 물질들이 더 많이 섞여있어.

 대기로 들어왔는데, 왜 이렇게 어두운거지?

 태양으로부터 너무 멀어서 그래. 태양빛이 잘 도달하지 않아서 천왕성은 암흑천지야. 만약 천왕성에 인공 도시를 만들려면, 제일 먼저 인공 빛부터 만들어야 할 거야.

 자! 이제 착륙.

 깜깜한 거 빼고는 지구랑 느낌이 비슷해.

 대기압과 중력이 지구랑 비슷해서 그래. 중력은 지구의 0.88배 정도이고, 대기압은 지구의 1.2배 정도이니까.

 코스큐브! 천왕성의 현재 기온은?

 영하 218℃. 천왕성은 태양계의 행성 중에서 기온이 제일 낮아.

 천왕성의 궤도는 아주 신기해.

 뭐가?

 지구의 자전축은 공전축에 23.5°로 기울어져 있지만, 천왕성의 자전축은 공전축에 98° 정도 기울어져 있어. 그러니까 천왕성은 동그란 철삿줄에 매달린 구슬이 도는 것처럼 옆으로 누워서 돌지.

 바람이 거의 불지 않아.

 천왕성은 재미없는 행성이야. 거의 대부분의 나날 동안

기상 현상도 별로 없고, 춥고 어둡지. 하지만 간혹 대규모의 기상 현상이 일어나. 2005년에는 시속 824킬로미터의 번개를 동반한 강풍이 관측되었어. 그리고 한참 뒤인 2014년에 반지름이 9,000킬로미터에 달하는 태풍이 관측되었으니까. 하지만 아직까지 어떤 주기로 대규모의 기상 현상이 일어나는 지 확인되지 않았어.

 저길 봐. 바다야.

 이 바다는 물이 아니라 액체 상태의 메탄이야.

 천왕성은 위성이 하나도 없네.

 위성이 없긴. 태양으로부터 너무 멀어서 천왕성의 위성에 반사된 빛이 너무 약해 안 보이는 거야. 목성이나 토성보다는 적지만, 스물일곱 개의 위성이 있어. 그런데 위성들의 이름이 신기해.

 뭐가 신기한데?

 천왕성의 위성 이름은 대부분 영국의 대문호 셰익스피어 작품의 등장인물 이름이거든.

 코스피어: 로미오와 줄리엣도 있겠네.

 코스큐브: 줄리엣은 있는데, 로미오는 없어.

코스큐브: 셰익스피어의 작품 중에서 『리어왕』의 코델리아, 『햄릿』의 오필리아, 『말괄량이 길들이기』의 비안카, 『트로일로스와 크레시다』의 크레시다, 『오셀로』의 데스데모나, 『로미오와 줄리엣』의 줄리엣과 매브, 『베니스의 상인』의 포샤, 『뜻대로 하세요』의 로잘린드, 『아테네의 타이몬』의 큐피드, 『겨울이야기』의 퍼디타, 『한 여름 밤의 꿈』의 퍽, 티타니아와 오베론, 『템페스트』의 미란다, 아리엘, 프란시스코, 캘리번, 스테파노, 트린쿨로, 시코락스, 프로스페로, 세테보스와 퍼디난드, 『헛소동』의 마가릿이 바로 스물다섯 개의 위성 이름이야.

 코스캔: 『템페스트』의 등장인물이 제일 많군.

 코스피어: 아마도 스토리가 천왕성에 제일 잘 어울려서인 것 같아.

 코스캔: 어떤 이야기인데?

 코스피어: 마법사 프로스페로가 자신의 지위를 되찾기 위한 여정을 그린 이야기로, 셰익스피어의 후반기 작품이지. 간단하

게 소개하면, 프로스페로는 밀라노의 대공이었지만, 동생 앤토니오에게 지위를 찬탈당해 자신의 어린 딸 미란다와 함께 무인도로 도망쳐, 그곳에서 마법사로 살아가. 자신의 지위를 되찾고자 프로스페로는 나폴리의 왕 알론조와 그의 아들 퍼디난드, 앤토니오가 탄 배가 자신의 섬에 표류하도록 마법으로 폭풍우를 일으키지. 프로스페로

가 도망친 무인도는 마녀 시코락스가 살았던 곳이었는데, 이곳에서 그는 시코락스의 자식인 괴물 캘리번과 정령 아리엘을 하인으로 부리게 돼. 한편 폭풍우를 만난 알론조와 퍼디난드, 앤토니오는 프로스페로의 계획대로 섬에 표류하게 돼. 프로스페로는 자신의 하인 아리엘의 도움으로 퍼디넌드 왕자를 일행에서 떨어지게 한 뒤, 자신의 딸 미란다와 사랑에 빠지도록 하지. 그 일을 계기로 알론조와 앤토니오 앞에 모습을 드러낸 프로스페로는 앤토니오의 죄를 밝히고 자신의 지위를 되찾게 된다는 내용이야.

그런데 천왕성의 위성이 모두 스물일곱 개니까……, 두 개의 위성이 빠졌는데?

두 개는 움브리엘과 벨린다야. 영국의 유명 시인 알렉산더 포프의 시에 나오는 사람들이야.

박사님의 메시지야. 우리의 토론을 인정해주셨네.

그래서 이번 알파벳은 U!

09

바다의 신, 해왕성

 이제 마지막 행성, 해왕성 차례네.

 태양에서 해왕성까지의 거리는 태양에서 지구까지 거리의 30배야. 천왕성에서 출발해도 태양에서 지구까지 거리의 10.4배의 거리를 여행해야 해왕성에 도착해. 해왕성은 태양계 여덟개의 행성 중 네 번째로 크고, 세 번째로 무거운 행성이야. 해왕성은 천왕성보다 작지만, 해왕성의 질량은 지구의 17배로 천왕성보다 약간 더 무거워. 1해왕성년은 지구 시간으로 165년 정도야. 태양에서 너무 멀리 떨어져 있어 태양을 한 바퀴 도는 데 걸리는 시간이 길거든. 1해왕성일은 지구 시간으로 16시간이니까 24시간인 지구보다 짧아. 해왕성의 평균 기온은 영하 240℃이고, 중력은 지구의 1.14배로 지구랑 거의 비슷해.

 저기 해왕성이 보여. 바다처럼 푸른 행성이네.

 해왕성은 태양계의 모든 천체들 가운데 가장 파란색을 띠고 있어. 그래서 바다를 의미하는 '海'를 써서 해왕성이라고 이름을 붙인 거야. 그래서 해왕성은 그리스 신화에

서 바다의 신인 포세이돈의 이름을 붙였어. 바다의 왕이라는 뜻이지. 포세이돈의 로마식 발음은 넵투누스인데, 이것이 해왕성의 영어단어인 넵튠(Neptune)이 된 거야. 포세이돈의 주 무기는 숙부인 키클롭스 사형제가 만들어 준 삼지창 트리아이나이고, 청동 발굽과 황금 갈기를 가진 말을 타고 다니지.

 그렇다면 해왕성의 기호는 삼지창이겠군.

 맞아.

 해왕성은 누가 발견한 거지?

 천문학자들은 천왕성 바깥의 행성을 찾으려고 시도했어. 천왕성의 궤도를 관측하던 프랑스의 수학자 르베리에와 영국의 수학자 애덤스는 천왕성이 천왕성 밖에서 당기는 어떤 힘 때문에 똑바로 가지 못한다는 사실을 알아냈지. 두 사람은 제각기 천왕성 밖에 새로운 행성이 있다고 가정하고, 뉴턴의 만유인력의 법칙을 이용하여 천왕성의 변덕스러운 움직임을 설명하는 지루하고도 긴 계산에 뛰어 들었어. 서로 만난 적도 없던 두 사람은 거의 동시에 같은 결과를 이루어냈지. 그리고 1864년, 두 사람이 말한 위치에서 천왕성 밖의 행성인 해왕성을 발견했어.

해왕성의 고리가 몇 개 탐지되었어.

 해왕성도 고리가 있어?

 태양계의 여덟 개의 행성은 두 부류로 나뉘어져. 하나는 지구형 행성으로 지구랑 비슷한 크기를 가진 행성을 말하는데, 수성, 금성, 화성, 지구가 여기에 속해. 또 다른 부류는 목성형 행성이라고 말하는데, 크기가 목성과 비슷한 행성들로 목성, 토성, 천왕성, 해왕성이 여기에 속해. 모든 목성형 행성들은 고리를 가지고 있어. 물론 토성의 고리가 제일 유명하지만.

 해왕성 표면에 시커먼 점처럼 보이는 곳이 뭐지?

 대흑점이야.

 혹시 목성의 대적점처럼 태풍이 부는 곳?

 맞아. 바람의 속도를 원거리 측정한 결과, 시속 2,400킬로미터의 강풍이 부는 지역이야.

 이제 더 이상 태풍이 있는 곳은 가기 싫어. 다른 곳에 착륙하자.

 동감!

 좋아. 대흑점에서 멀리 떨어진 곳으로 착륙하자. 잠깐! 압력 저항 모드를 작동해야 해. 해왕성은 모든 행성 중에서 대기압에 제일 높은 곳이야. 금성이 지구 대기압의 92배인데, 해왕성은 대기압이 지구의 1,000배야.

 에고. 그냥 착륙했다간 찌부러지는 게 아니라 종이처럼 얇게 펴지겠군. 코스큐브! 압력 보정 장치를 가동해줘.

 오케이! 이제 착륙!

 이게 뭐야? 액체, 고체, 기체가 마치 슬러시처럼 섞여 있는 거 같아. 질퍽질퍽 해.

 해왕성의 대기는 아주 적은 양의 탄화수소와 질소를 포

함하고 있고, 해왕성의 표면은 액체 상태 또는 얼어붙은 상태의 물, 암모니아, 메탄 등이 섞여 있어.

코스큐브: 박사님 메시지 도착.
다이아몬드 빙산을 찾으러
고고~

코스피어: 빙산은 물위에 얼음이 떠 있는 거잖아? 다이아몬드가 물위에 떠 있는 건가?

코스캔: 지구의 빙산은 바다 위에 고체 상태의 물인 얼음이 떠 있지만, 천왕성의 경우 바다를 구성하는 성분이 액체 다이아몬드거든. 그러니까 다이아몬드 빙산은 액체 다이아몬드에 고체 다이아몬드가 떠 있는 걸 말해.

코스큐브: 해왕성 표면을 탐사한 결과, 다이아몬드가 없는 것으로 탐지되는데.

코스캔: 해왕성은 메탄이 주성분이잖아. 메탄은 수소와 탄소의 화합물이야. 그런데 높은 압력과 높은 온도에서 탄소들은 서로 모여서 다이아몬드를 만들 수 있어.

코스큐브: 맞아. 다이아몬드 원석과 똑같은 화학구조인 인조 다이아몬드를 그렇게 만들지.

해왕성 내부로 들어가야 해. 내부로 들어갈수록 온도도 높아지고 압력도 높아지니까.

 같은 생각이야. 코스캔, 땅굴차로 변신!

 지하 1만 미터 도착!

 와우! 진짜 다이아몬드 바다야. 저 멀리 다이아몬드 빙산도 떠 있고.

 일단 수영부터 해야겠어. 액체 다이아몬드의 바다는 처음 봐.

코스큐브가 잡혔어.

 안티모스가 코스큐브를 어디로 데려간 거지?

 저기 다이아몬드 빙산을 봐!

 코스큐브를 가두었어.

 다이아몬드 기둥으로 만든 철창이야. 다이아몬드 기둥을 어떻게 부수지?

 내게 맡겨! 망치 헤드 변신!

 우와! 쇠망치가 다이아몬드 기둥을 부수다니! 다이아몬드가 제일 강하다더니 그것도 아니군!

 경도와 강도의 차이야.

 무슨 뜻이지?

 모든 물체는 경도와 강도를 가지는데, 두 물체를

서로 긁었을 때 덜 긁히는 쪽이 경도가 강하다고 해. 다이아몬드는 경도가 강하지. 강도는 두 물체를 충돌시켰을 때 부서지는 정도를 말하는데, 다이아몬드는 강도가 약한 편이야. 쇠망치의 경우, 경도는 다이아몬드보다 약하지만 강도는 다이아몬드보다 세거든. 그래서 나의 쇠망치 헤드가 다이아몬드 기둥을 부술 수 있었던 거야.

 저길 봐! 다이아몬드 빙산의 꼭대기에 유니버스 카드가 빛나고 있어.

 카드의 알파벳은 N. 과제 완료! 자! 이제 해왕성을 떠나자.

 아, 해왕성도 위성을 가지고 있어?

 해왕성의 위성은 열세개. 그중 가장 큰 위성은 트리톤으로 지름이 2700킬로미터, 두 번째로 큰 것은 지름 420킬로미터의 프로테우스, 나머지는 아주 작은 위성들이야.

카이퍼 벨트, 퇴출된 명왕성

 마지막 과제는 카이퍼 벨트 탐사야.

 카이퍼 벨트는 해왕성 바깥에 얼음이나 소행성들이 모여 있는 지역을 말해. 태양에서 지구까지 거리의 30배에서 50배 정도 되는 이 지역은 태양계를 감싸는 도넛 모양이지. 1943년 미국의 천문학자 카이퍼가 발견해서, 카이퍼 벨트라는 이름이 붙었어. 그런데 이 발견에는 재미난 일화가 있어.

 뭔데?

 카이퍼 벨트를 처음 발견한 사람이 카이퍼가 아니라는 거야. 사실 1930년 미국의 천문학자 레오나드가 처음 발견했는데, 다른 학자들이 레오나드의 주장을 무시했거든.

 레오나드 벨트가 될 뻔했네.

 그런데 왜 벨트야?

벨트는 허리를 감싸는 띠잖아? 아마도 태양계를 감싸고 있어서 벨트라는 이름을 붙인 거 같아. 카이퍼 벨트는 피자 도우에서 가장자리 부분 빵에 비유할 수 있어.

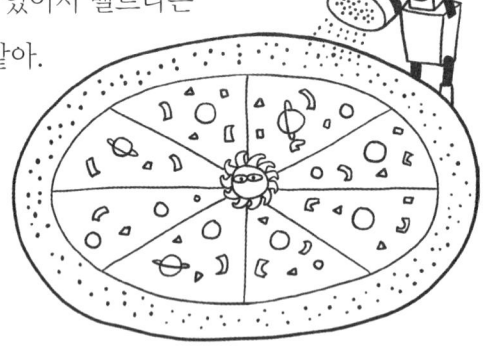

 그럼 태양계의 행성과 수많은 위성은 토핑인거네. 크기가 어마어마한 피자군.

 자! 이제 카이퍼 벨트 진입!

 카이퍼 벨트에는 지름 100킬로미터 이상의 소행성은 7만개 이상, 그보다 작은 것들은 수백만 개가 있어.

 우와! 대단해. 카이퍼 벨트에 있는 소행성들을 측정한 거야?

 박사님이 태양계를 탐사하기 전에 업그레이드 해주신 덕분이지. 박사님 과제가 도착했어.

마지막 알파벳? 벌써 태양계 행성 탐험이 끝이구나.

 예전에는 명왕성도 태양계의 행성이었잖아? 수금지화목토천해명으로 외웠는데…….

 지금은 아니야. 2006년 국제 천문 연맹에서 명왕성을 행성에서 제외시켰어.

 왜 행성 자격을 잃은 거지?

 2006년 국제 천문 연맹 회의에서는 명왕성 외에 다른 행성을 추가해야 한다는 얘기가 있었어. 소행성대의 세레스, 명왕성의 위성인 카론, 명왕성의 밖에서 태양을 도는 이리스, 이렇게 세 개의 행성이지.

 12행성이 되면, 수금지화세목토천해명카이!

 국제 천문 연맹은 며칠 동안 고민하다, 마침내 태양 주위를 도는 행성의 기준을 만들었어.

* 첫 번째 조건: 태양을 중심으로 공전을 해야 한다.
* 두 번째 조건: 스스로의 중력으로 안정된 공 모양을 지녀야 한다.
* 세 번째 조건: 자신의 공전 궤도가 자신의 위성과 같은 주위 천체들의 영향을 거의 받지 않아야 한다.

명왕성은 공 모양이고 태양 주위를 공전하잖아?

 마지막 세 번째 조건을 만족하지 않아. 명왕성은 자신의 크기의 절반이 넘는 크기를 가진 위성 카론을 가지고 있어. 명왕성이 태양 주위를 돌 때, 카론이 명왕성을 중력으로 자꾸 잡아당겨서 명왕성의 공전 궤도에 영향을 주거든. 이것은 행성이 되기 위한 세 번째 조건 위반이야. 이 세 번째 조건 때문에 세레스, 명왕성, 카론, 이리스 같은 천체들은 행성이 아닌 것으로 결정되었어. 세계적인 천문학자 424명이 투표한 결과, 90퍼센트 이상이 명왕성을 행성에서 제외해야 한다는 결론을 내렸어. 그 후 공 모양이고 다른 얼음 덩어리 소행성들보다 큰, 행성과 유사한 천체를 왜소행성이라고 부르게 된 거야. 덩치가 작은 사람을 왜소하다고 하잖아. 명왕성의 공식 명칭은 이제 '134340명왕성'이야.

 명왕성을 발견한 사람은 속이 상했겠네.

 명왕성은 1930년 미국 로웰천문대에서 일하던 톰보가 발견했어. 명왕성이 태양계에서 퇴출되자 미국에서는 많은 사람들이 시위를 벌이기

도 했어. 태양계 행성 중 유일하게 미국에서 발견한 것이었거든.

 저기 명왕성이 보여. 그 옆에 보이는 거대한 달이 카론이야.

 우와! 거대한 하트 무늬가 있어!

 행성에서 퇴출되었지만 사랑해달라는 뜻인가?

 명왕성의 상징인 하트 무늬인데, 톰보 레지오라는 지역이야. 레지오는 라틴어로 지역이라는 뜻이고, 그 앞에 최초 발견자의 이름을 붙인 거야.

 우주에서 제일 큰 하트네.

코스큐브! 명왕성과 카론에 대한 기본 정보!

 명왕성은 반지름이 1,186킬로미터, 질량은 지구의 질량의 0.0022배. 평균온도는 영하 223℃. 태양에 제일 가까울 때는 태양과 지구 사이 거리의 29배 거리에 있고, 가장 멀리 떨어져 있을 때는 태양과 지구 사이 거리의 49배 거리에 있어. 공전궤도는 타원 모양이야. 카론은 반지름이 606킬로미터로 명왕성의 반지름의 절반 정도이고, 질량은 명왕성의 질량의 7분의 1정도.

 명왕성은 달보다도 작네. 수성의 절반 크기 밖에 안 돼. 명왕성의 하루와 일 년은?

 1명왕성일은 지구 시간으로 6일 9시간 43분로 지구보다 6배 이상 느리게 돌고, 1명왕성년은 지구 시간으로 248년 정도야.

 명왕성은 영어로 플루토(Pluto)라고 하는데, 이 이름은 톰보가 붙인 게 아니야.

· 로웰 천문대
· 하데스
· 어둠, 저승의 신

 그럼 누가 붙인 거지?

 톰보가 속한 로웰 천문대는 새로운 행성의 이름을 붙이

기 위해, 전 세계 사람들로부터 천 개 이상이 이름을 제안 받았는데, 결국 11살의 영국 소녀 베네티아 버니가 제안한 플루토로 결정했어. 이 소녀는 고전 신화와 천문학을 좋아했는데, 명왕성이 태양에서 너무 멀기 때문에 어두울 거라는 생각에 그리스의 신화의 저승의 신인 하데스의 영어식 이름인 플루토라는 이름을 생각한 거래.

 명왕성의 기호는 뭐지?

 해왕성의 점성술 기호를 변형한 모습이야.

 이제 톰보 레지오에 착륙할 거야!

 우와! 달에서 보다 몸이 너무 가벼운 느낌이야.

 명왕성의 중력은 지구의 중력의 0.063배로, 중력이 굉장히 작아. 지구에서 63센티미터를 점프할 수 있으면 여기에서는 1킬로미터를 뛰어 오를 수 있어.

 우와! 여기에서는 마

법 없이도 해리포터가 즐겨하는 퀴디치 게임을 할 수 있겠네. 유니버스 카드는 어디에 있지?

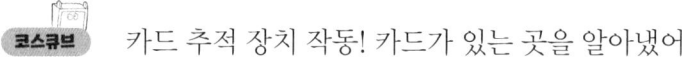 카드 추적 장치 작동! 카드가 있는 곳을 알아냈어.

 어디인데?

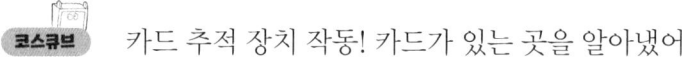 여기서 북쪽방향으로 10킬로미터 떨어진 곳.

 한참 가야겠군.

 금방 도착할 거야. 10킬로미터 거리니까, 열 걸음만 뛰면 갈 수 있어.

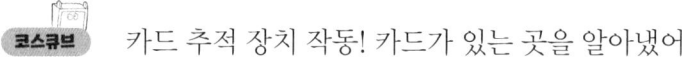 아하! 중력이 너무너무 작으니까.

 마지막 카드는 C야.

 이제, 지금까지 찾은 유니버스 카드의 알파벳을 조합해서 과학자 이름을 찾아야해.

 지금까지 나온 알파벳을 순서대로 나열해볼게.

$$\boxed{A}\boxed{R}\boxed{L}\boxed{S}\boxed{A}\boxed{G}\boxed{U}\boxed{N}\boxed{C}$$

 이런 이름의 과학자도 있어?

 글쎄.

 간단한 시저 암호네.

 암호?

 자! 이제 글자를 코스피어의 얼굴에 써볼게.

 C부터 읽어봐.

 CARL SAGUN!! 우주 과학자 칼 세이건이 답이었어!

 박사님의 과제를 완벽하게 해결했어.

 이제 지구로 돌아갈 일만 남았네.

잠깐, 박사님의 영상통화야.

 태양계 과제 해결한 것을 축하한다. 너희들이 마지막으로 방문한 카이퍼 벨트에는 1992년에 발견된 소행성 스마일리부터 현재까지 수백 개의 얼음덩어리 소행성들이 모여 있다. 물론 대부분이 명왕성 궤도보다 더 먼 곳에서 있는데, 이 중에서는 2002년에 발견된 콰오아처럼 명왕성 크기의 절반이 넘는 것도 있어. 또 카이퍼 벨트는 혜성이 태어나는 곳이기도 하다.

 혜성은 불꽃이 있는 꼬리가 있잖아요? 여기 카이퍼 벨트에서 불꽃을 내는 천체는 보지 못했는데요?

 혜성의 꼬리는 얼음덩어리가 태양에 가까워지면서 태양의 열 때문에, 가스로 변해 먼지구름과 함께 밝게 빛나서 그런 거야. 이렇게 얼음덩어리 소행성에 생긴 기체 상태의 대기를 코마라고 부르지. 코마의 길이는 10만 킬로미터 정도가 되니까 어마어마하지. 그리고 태양풍으로 가스와 먼지가 반대 방향으로 날아가 혜성의 꼬리가 되는 거야.

 그래서 혜성을 영어로 코멧(Comet)이라고 부르는 군요.

 코스피어! 무슨 말이지?

 영어 Comet의 그리스 단어는 Kometes인데, 이것은 머리털을 뜻해. 혜성의 긴 코마가 머리털 같아 보여서 그런 이름을 붙인 거지.

 코스피어 말이 옳다.

 이곳에서는 혜성의 불꽃을 볼 수 없군요.

 카이퍼 벨트는 혜성의 씨앗인 얼음덩어리 소행성들이 모여 있는 곳이야. 코스큐브! 핼리혜성을 탐지해라.

 박사님! 발견했습니다. 지금 핼리혜성이 카이퍼 벨트에 있습니다.

 오케이! 순간 이동해라!

 핼리혜성으로 순간 이동!

 박사님 말씀대로 혜성은 얼음투성이네요.

 핼리혜성은 주기적인 혜성이다. 75.3년마다 태양을 한 바퀴 돌지.

 그럼 이 혜성을 타고 지구 근처로 가려면 30년 이상 기다려야 하잖아요?

 이번에 내가 새로 개발한 시공간 이동 장치를 코스큐브에게 장착해두었으니 테스트를 해보자. 이번 테스트를 바탕으로 보다 업그레이드된 시공간 이동 장치는 나중에 지구로 돌아오면 장착해주겠다. 코스캔! 코스큐브의 등 뒤에 보이는 작은 버튼을 부르고 "30년 후 태양으로부터 1억 킬로미터 지점"이라고 소리쳐라. 그러면 너희는 태양 근처로 날아가고 있는 핼리혜성에 타고 있을 것이다.

 지금 바로 시행하겠습니다.

 우와! 뒤 좀 봐. 거대한 코마야.

 자! 이제 혜성의 코마를 구경했으니, 지구로 귀환해라. 계속 그곳에 있으면 불타버릴 테니까. 코스큐브의 등 뒤 버튼을 다시 한번 누르고 "30년 전 지구로"라고 소리쳐라.

 지금 시행하겠습니다.

 드디어 지구로 돌아왔어!

 코스캔! 코스피어! 코스큐브! 모두 수고했다.

Project II. 태양계 탐사 업그레이드

태양계는 우리 지구가 있는 곳입니다. 태양계를 이루는 항성, 행성, 위성, 왜소행성, 소행성, 혜성 등 수많은 천체들은 여전히 신비함에 둘러싸여 있습니다. 수많은 천체 중에서 인류가 발을 디딘 곳은 지구의 위성인 달뿐이며, 아직까지 인류가 도착한 행성은 없습니다. 지금까지 태양계의 행성 중 가장 많은 정보를 확보한 곳은 화성입니다. 화성에는 무인 우주 로봇이 착륙해, 화성 곳곳의 생생한 사진을 지구로 보내오기 때문입니다. 태양계의 연구는 물리학, 천문학, 지질학, 생물학, 화학 등의 종합적인 연구가 필요합니다. 과학의 여러 분야에 관심을 가져주세요. 한 층 더 태양계의 신비에 가까이 다가갈 수 있을 것입니다.

제 3 부

우주 진화

코스캔, 코스피어, 코스큐브 집합! 축하한다. 태양계 탐사 과제 수행으로 너희들은 한 단계 더 업그레이드되었다. 이제 너희들에게는 시공간을 이동할 수 있는 타임머신 기능이 추가되었다.

 그 외에 추가된 기능이 있나요?

 코스캔에게 아인슈타인의 상대성 이론과 호킹의 블랙홀 이론 등 최첨단 우주 이론이 학습되었다.

 저는……요?

 코스피어는 고대의 우주 이론부터 현대의 우주 이론까지 아우를 수 있는 과학 역사가 학습되었다.

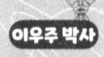 저도 업그레이드 됐지요?

 코스큐브는 기존에 탑재되어 있던 계측 기능을 좀 더 강화시켜, 완벽하게 업그레이드했다. 코스큐브의 눈에는 허블 망원경보다 성능이 좋은 우주 망원경이 장착되었고, 어떤 작은 길이도, 어떤 짧은 시간도 측정할 수 있으며, 정확한 온도와 전파 탐지 기능이 장착되었다. 이번 우주 진화 과제에서 코스큐브의 강화된 기능이 중요한 역할을 할 것이다.

코스캔 이번 과제에 대해 좀 더 구체적으로 설명해주세요.

이우주 박사 이제 너희들은 달과 지구 사이에 세워진 우주 인공 선박 라퓨스에서 지내게 될 것이다. 그곳은 인공 중력이 작용해 둥둥 떠다니지 않고, 지구에서처럼 생활할 수 있는 곳이다. 뿐만 아니라 라퓨스는 아무리 먼 거리도 순간 이동할 수 있고, 어떤 과거, 어떤 미래로도 시간 이동할 수 있는 최첨단의 인공 선박이다. 그곳에서 내가 주는 과제를 수행해라. 수행한 결과는 코스피어를 통해 내게 무선 통신으로 보내라. 이번에는 하나의 과제를 수행 완료하면, 코스피어의 입에서 알파벳 세 개가 적힌 구슬이 튀어나올 것이다. 이 알파벳들이 가리키는 암호를 풀면, 어떤 과학자의 이름을 알 수 있을 것이다. 마지막 과제는 이 과학자의 이름을 알아맞히는 것이다.

옛날 사람들이 생각한 우주

박사님이 첫 번째 과제를 주셨어.

옛날이라면 언제를 얘기하는 거지?

지금이 21세기이니까, 19세기 정도까지 자료를 조사

하면 되겠지. 자료실로 가서 각자 필요한 자료를 찾은 다음 다시 토론하기로 하자.

나는 아주 먼 옛날 사람들이 생각한 우주에 관한 신화를 조사했어.

아주 먼 옛날이라면 언제?

신화는 입으로, 글로 전해 내려오던 이야기들이었으니까, 정확한 연도는 알 수 없지만 지금으로부터 수천 년 전이라고 생각하면 될 거야.

 어느 나라의 신화를 조사했어?

 두 나라의 신화를 찾았어. 먼저 고대 이집트 사람들이 생각했던 우주에 대한 신화야. 고대 이집트 사람들은 태양신 '라(Ra)'를 섬겼어. 라는 그림자와 결혼해 쌍둥이 남매인 공기의 신 '슈(Shu)'와 비의 여신 '테프누트(Tefnut)'를 낳지. 슈와 테프누트 역시 결혼해 쌍둥이 남매인 대지의 신 '게브(Geb)'와 하늘의 여신 '누트(Nut)'를 낳아. 게브와 누트 남매에게 라는 생명체들이 살 수 있는 공간을 마련하기 위해 절대로 가까이 있어서는 안 된다는 조건을 걸어. 하지만 누트와 게브는 서로를 너무 사랑해서 라를 배반하고 부부가 돼. 이에 화가 난 라는 슈로 하여금 그 둘을 떼어놓게 한 다음, 누트에게는 땅에 눕지 못하도록 엄명을 내려. 그래서 대지의 신 게브 위에 엎드린 모습의 누트는 발가락 끝으로 발돋움을 하고 서서 손가락 끝을

대지에 대고 있는 모습으로 그려져. 누트는 고대 이집트 어로 '밤'이라는 뜻에서 유래했는데, 그래서인지 누트의 배에는 별이 아로새겨져 있어. 이 별들이 대지를 밝힌다고 생각한 것이 바로 고대 이집트 사람들의 우주관이야.

 황당하긴 하지만 재미는 있네. 또 하나는?

 북유럽 신화야. 북유럽 사람들은 우주가 얼음에서 만들어졌다고 생각했어. 얼음이 불꽃과 만나 거인이 만들어졌는데, 이 거인의 이름은 '위미르'야. 최고의 신 오딘과 그의 형제들은 위미르를 죽이고 그의 두개골로 둥근 천장을 만들었는데, 그것이 바로 하늘이래. 오딘 삼형제는 위미르의 살로 대지를 만들고, 그의 피로 바다를 만들고, 그의 뇌로 구름을 만들지. 그런 다음 행성들과 해와 달과 별을 둥근 천장에서 움직이게 하여 우주를 만들었다는 거야.

섬뜩하군.

 난 기원전 3세기 무렵부터의 고대 그리스 우주 모형을 조사했어.

 기원전 3세기면 얼마나 오래 전이야?

 한 세기는 100년을 뜻해. 그리고 기원전이란 예수가 태어나기 전을 말하지. 예수가 태어난 해를 기원후(또는 서기) 1년이라고 하거든. 지금이 2021년이니까 기원전 3세기는 지금으로부터 2300여 년 전을 말하는 거지.

 그 시대라면 그리스에 많은 철학자들이 있을 시기잖아? 탈레스, 소크라테스, 플라톤, 아리스토텔레스 등등.

 맞아. 최초의 우주 모형을 주장한 사람은 탈레스의 제자 아낙시만드로스야. 이 당시에는 지구는 평평하다고 믿었고, 우주의 중심이라고 생각했어. 그의 우주 모형에 따르면 지구는 우주의 중심에 정지해 있어. 지구는 지름이 높이의 3배인 원통 모양이고, 별, 달, 태양은 각각 지구 지름의 9배, 18배, 27배의 크기를 가지고 있는 공 모양이라고 주장했지.

이 시기의 태양, 달, 별은 나처럼 생겼구나.

 지구는 나처럼 생겼고.

 지구가 평평한 원통의 윗면 같이 생겼다고?

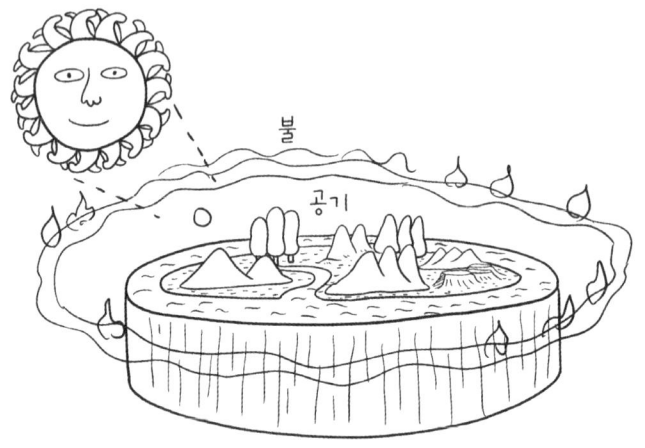

 아낙시만드로스의 우주 모형은 잘못된 모형이었지. 나중에 아리스토텔레스가 지구가 동그란 공 모양이라는 사실을 알아냈어. 아리스토텔레스는 동그란 지구가 우주의 중심이 되는 우주 모형을 주장했어. 아리스토텔레스는 지구가 우주의 중심이고, 달, 금성, 수성, 태양, 화성, 목성, 토성 순서로 지구를 돌고 있다고 생각했어. 이게 바로 천동설이야.

 천왕성과 해왕성은?

그 당시에는 발견되지 않았어. 천왕성과 해왕성은 망원경으로만 보이는데, 그 당시에는 망원경이 없었으니까.

 별은 어디에 있는 거야?

 아리스토텔레스는 토성 밖에 거대한 공 모양의 천구가 있고, 여기에 별들이 모두 붙어 있다고 생각했어.

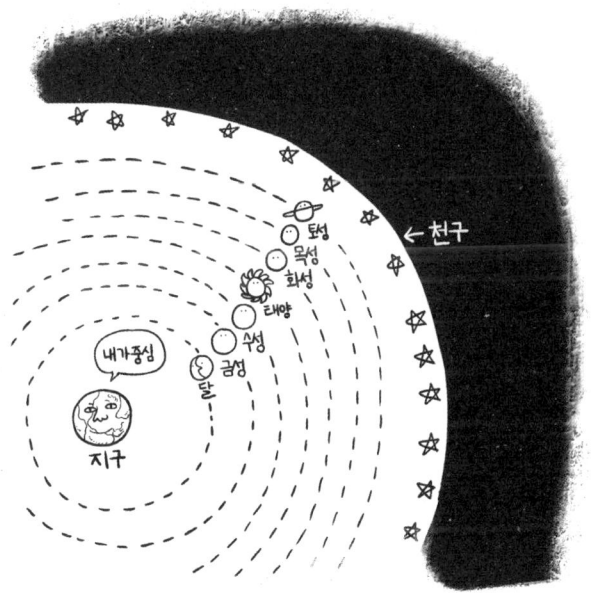

 모든 별까지의 거리가 같다고 생각했던 거네.

 지구는 태양 주위를 빙글빙글 돌잖아? 그런데 어떻게 지구가 우주의 중심이 돼?

지금으로선 아리스토텔레스의 우주 모형이 잘못된 것이지만, 그 당시 사람들은 아주 오랫동안 지구가 우주의 중심이라고 믿었어. 훗날 프톨레마이오스가 아리스토텔레스의 지구 중심 우주 모형을 조금 수정해서 발표해. 프톨레마이오스는 자신의 책 『알마게스트』에서 우주에 대한 다섯 가지 성질을 발표했어.

1. 천구는 공 모양이며 공처럼 자전한다.
2. 지구는 공 모양이다.
3. 지구는 천구의 중심에 위치한다.
4. 지구에서 천구까지의 거리는 굉장히 멀다.
5. 지구는 조금도 움직이지 않는다.

 지구가 움직이지 않는다고?

 그래서 올바른 우주 모형이 다시 나와. 중세 시대에 이르러 코페르니쿠스가 처음으로 태양이 지구의 중심이라고 주장해. 이 이론을 태양 중심 우주 모형, 즉 지동설이라고 불러. 코페르니쿠스는 우주의 중심은 태양이고, 그 주위를 수성, 금성, 지구, 화성, 목성, 토성이 돌고 있으며, 달은 지구 주위를 빙글 빙글 돈다고 생각했지. 지동설은 강하게 저항 받았지만, 천동설로 설명되지 않는 부분들이 이해되기 시작하면서 결국 인정받게 돼.

 완벽한 이론이군!

 코스캔! 너는 어느 부분을 조사했니?

 나는 우주가 유한한가, 무한한가에 대해 조사했어.

 아리스토텔레스의 우주 모형은 유한해. 천구가 우주의 끝이니까.

 코페르니쿠스는 어떻게 생각했는데?

 뚜렷하게 우주의 크기에 대해 말하진 않았어.

 우주가 유한하다고 믿은 건가?

 모두 그랬던 건 아니야. 우주는 무한하고, 우주는 무수히 많이 존재한다고 주장한 과학자가 있어. 이탈리아의 브루노라는 과학자야. 그는 우주가 무한하고 주장했어. 그는 우주는 무한하게 퍼져 있고, 태양은 그중에 하나의 항성에 불과하며, 밤하늘에 떠오르는 별들도 모두 태양과 같은 종류의 항성이라고 주장했지.

 어떤 근거로?

 그래서 알기 쉽게 준비해봤어.

 우리가 정리한 자료를 정리해서 박사님께 보내자.

 오케이! 자동문서 파일 변환!!

 박사님께 보냈어?

 가만 조금 이상해. 파일이 다른 주소로 가고 있어.

어디로?

 am-genius@cosmos.com으로.

 누구지?

 가만! am이라면 anti-mos의 이니셜이야.

 안티모스가 바이러스를 심어 우리 파일을 자기에게 보내게 만든 거 같아. 이 정도 유치한 바이러스는 1분 안에 해결할 수 있지. 양자 백신 프로그램 실행!

 파일이 박사님에게 제대로 전송되었어.

 박사님으로부터 축하 메시지가 도착했어.
"수고했다. 첫 번째 과제 수행을 축하한다! 알파벳 받아라! 알파벳은 P R E 다."

푸른 하늘 은하수

 박사님 과제가 왔어. 이번엔 과제가 두 개야. 하나는 우리 은하를 옆에서 본 모습과 위에서 본 모습을 그릴 것, 또 하나는 우리은하 외 다른 은하가 있는지 조사해야 해.

 우주에는 별들이 모여 있는 곳도 있고, 별들이 없는 부분들도 있어. 은하는 바로 별들이 모여 있는 지역을 말해.

 별을 사람에 비유하면 사람들의 집들이 모여 있는 동네가 바로 은하인 셈이네.

 좋은 비유야. 일단 관측실로 가서 우리은하를 관측하자.

 저길 봐! 희미하지만 흰색의 띠가 보여.

 저게 바로 우리은하야. 수많은 별들이 모여 있는 곳이지. 태양도 지구도 모두 우리은하에 속해.

 은하와 은하수는 다른 말이야?

 우주에 은하는 굉장히 많이 있어. 지구에 사람들 사는 동네가 많듯이. 그중 우리 지구가 속해있는 은하를 우리은하라고 해. 은하수는 지금 보는 별들의 띠를 말하는데, 우리은하에 속한 별들이 마치 강물이 흘러가는 것처럼 보인다는 뜻이야.

 그래서 우리은하를 밀키웨이(Milky Way)라고 부르는 구나.

 밀키웨이? 우유의 길? 무슨 말이지?

 그건 우리은하에 대한 재미난 신화때문에 생긴 말이야.

고대 그리스 신화인데, 신들의 왕 제우스와 사람인 알크메네 사이에서 헤라클레스라는 남자아이가 태어나. 제우스의 아내 여신 헤라는 이를 알고 헤라클레스를 죽이려고 하지. 하지만 전령의 신 헤르메스가 헤라가 잠든 사이 헤라의 젖을 몰래 헤라클레스에게 먹여. 그런데 이를 눈치챈 헤라가 잠에서 깨어나 헤라클레스를 밀쳐내. 그 순간 젖이 뿜어 나와 삽시간에 하늘을 뒤덮었는데, 그것이 바로 은하수가 되었다는 이야기야.

 역시 신화는 재미있지만 황당해.

 코스피어! 우리은하 발견에 대한 역사적 사실을 말해줘.

 오케이. ……어?

 코스피어! 왜 그래?

 우리은하에 대한 정보가 하나도 없어.

 박사님이 학습을 안 시켰다고?

 지금 방금 박사님에게 연락이 왔어. 우리들 스스로 문제를 해결할 수 있게 코스피어의 학습기록을 지웠다고.

 에고. 이번 과제에서 내가 할 일을 하나도 없네.

 괜찮아. 우리가 직접 우리은하를 보러 가자. 스스로 학습하는 수밖에……!

 광년 이동을 해야겠군.

 광년이 뭐지?

 은하는 너무 커서 킬로미터 같은 거리 단위로 나타내면 너무 큰 수가 돼. 그래서 광년이라는 거리 단위를 사용해. 1광년은 빛의 속력으로 일 년 동안 간 거리를 말해.

 얼마나 먼 거리인지 감이 잘 안 와.

 빛의 속력은 초속 30만 킬로미터야. 1초 만에 30만 킬로미터를 간다는 얘기지.

 달까지 가는 데 1초 정도밖에 안 걸리는 거네.

 그래. 1년은 365일, 1일은 24시간, 1시간은 3,600초야. 그럼 다시 1년을 초로 바꾸면 365(일)×24(시간)×3600(초)= 31,536,000(초)가 되지. 1광년은 빛의 속력으로 1년 동안 간 거리이니까 300,000(킬로미터)×31,536,000(초)= 9,460,800, 000,000(킬로미터)가 돼.

엄청나게 긴 거리네.

 좋아! 이제 우리은하를 옆에서 볼 거야. 우리은하의 옆으로 라퓨스 이동!

 와! UFO처럼 생겼다.

 저게 바로 우리은하의 모습이군. 코스큐브! 태양계가 있는 곳을 표시해줘.

 오케이.

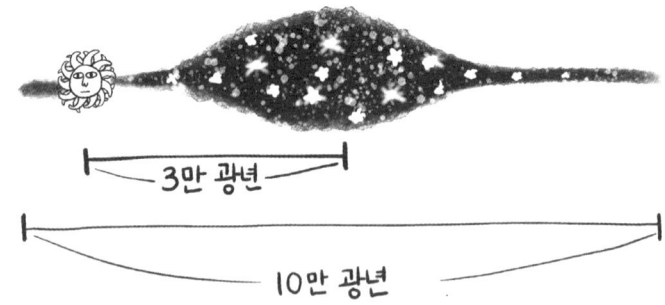

 우리가 중심에 있는 게 아니네? 가운데 불룩 튀어 나온 데는 밝은 별들이 엄청 많네. 여기를 은하의 중심이라고 부르면 되겠어.

 은하의 중심을 시내라고 하면, 태양계는 변두리에 있구나. 우리은하를 위에서 보고 싶어. 우리은하 위로 순간 이동!

 와우! 은하의 중심이 밝게 빛나고, 소용돌이치는 모양이야. 너무 멋있어.

 나선 모양이네. 첫 번째 과제 결과를 박사님에게 보내자.

 박사님이 우리가 찍은 우리은하 사진을 편집해서 다시 보내셨어.

코스캔: 우리은하는 가운데 길쭉한 타원 모양의 막대가 있고, 여섯 개의 나선 팔이 붙어있구나. 태양계는 오리온 팔에 붙어있어.

코스큐브: 가운데 길쭉한 타원 모양의 막대가 바로 은하의 중심이네.

코스캔: 박사님에게서 문자가 왔어. 우리은하는 막대 나선 은하래.

코스큐브: 이제 두 번째 과제를 해결해야 해. 우리은하 외에 다른 은하가 있는지?

코스피어: 우주에 우리은하만 있을 수도 있잖아?

코스캔: 그러기에는 우주가 너무 넓지?

코스큐브: 일단 거리가 우리은하에서 십만 광년 이상 떨어진 곳에 별들이 있는지 스캔해볼게.

코스피어: 코스큐브의 관측 기능, 대단한데!

코스큐브: 결과가 나왔어.

코스캔: 엄청 빠르네.

코스큐브: 양자컴퓨터로 처리하니까 몇 초 만에 해결할 수 있는 거

야. 우리은하에서 250만 광년 떨어진 곳에 별들이 엄청나게 많이 모여 있어.

 우리은하에서 제일 가까운 곳에 있는 새로운 은하를 찾았어. 코스큐브, 박사님께 새로운 은하에 대한 스캔 결과를 전송해.

 우왓! 박사님에게서 문자가 왔어. 우리가 찾은 은하는 안드로메다은하래. 라퓨스를 250만 광년 순간 이동시켜 안드로메다은하의 사진을 찍어와야겠어. 가만! 라퓨스가 움직이질 않아.

 라퓨스의 외부 상황을 모니터로 확인해보자.

 안티모스가 라퓨스의 이동을 방해하고 있군.

 안티모스에게 본때를 보여줘야지! 라퓨스, 초고속 회전!

안티모스 안녕!

 라퓨스! 안드로메다은하 근방으로 순간 이동!

 안드로메다은하가 우리은하랑 비슷하게 생겼어.

 안드로메다은하도 막대 나선 은하이구나.

 하지만 크기가 달라. 우리은하 크기의 두 배 정도야.

 모든 은하가 막대 나선 은하인가?

 우주의 수많은 은하들을 조사해봤어. 우주의 은하 70퍼센트 정도는 막대 나선 은하이지만, 30퍼센트는 타원 모양의 은하야. 즉, 타원 은하지.

 가장 가까운 타원 은하는 뭐지?

 메시에87(M87)이라는 이름의 은하야. 크기가 49만 광년 정도이고, 우리은하의 질량보다 200배 정도 무거워.

 어디에 있는데?

 처녀자리에 있어. 우리은하로부터 5,350만 광년 떨어진 거리에 있어. 이것으로 외부 은하 찾기 과제를 완료됐어. 박사님이 알파벳을 보냈어. 알파벳은 Ｐ Ａ Ｉ 야.

우주 나이는 138억 살

 이번 과제는 뭐야?

 잠시만, 지금 확인해볼게. 음……, 안드로메다은하 속 별들을 관측해 우리 우주의 나이를 계산하래.

 이번 과제, 생각보다 간단하겠는데. 이미 과학자 허블이 한 일이거든.

 우린 놀아도 되겠네.

 으아악! 머리가 깨지는 거 같아.

 무슨 일이야? 코스캔.

 미안, 박사님이 허블 관련 자료를 모두 지워버렸어.

 괜찮아. 이번에도 우리 힘으로 해결하면 돼. 일단 관측실로 가서 안드로메다은하의 별들을 관측하자.

 잠깐, 안드로메다 은하가 망원경 없이도 보여. 바로 눈앞에 있어.

 그럴 리가?

 확대해볼게.

 안티모스잖아? 또 방해하려고 왔네.

 다 방법이 있지. 그물망으로 잡아서 던져버려야지. 이제 당분간 안티모스는 볼 수 없을 거야.

 오케이. 이제 안드로메다은하의 몇 개의 별들을 조사할 거야. 어라? 뭔가 이상한데······.

 뭐가?

 왜 이렇게 빨간색별이 많이 보이지?

 빨간색별이 많은 은하인가보지.

 순간 이동해서 저 별들이 진짜 빨간색별인지 확인해야겠어. 라퓨스! 230만 광년 거리의 안드로메다은하로 순간 이동!

 가까이서 보니 별의 색이 빨간색이 아니야.

 음……, 역시 내 생각이 맞았어. 아까 빨간색으로 보였던 별이 사실은 주황색이었어. 일단 확인했으니 원래 위치로 돌아가자. 라퓨스! 원 위치!

 왜 주황색별이 태양계에서는 빨간색별로 보이는 거지?

 도플러 효과 때문이야.

 그게 뭐지?

 도플러라는 과학자가 발견한 법칙이야. 파동이 관측자로부터 멀어지면 파동의 파장이 길어지고, 파동이 관측자에게 가까워지면 파동의 파장이 짧아진다는 게 도플러 법칙이야.

 파동이라면 파도처럼 오르락내리락하는 거 말이지? 그런데 파장은 뭐지?

코스큐브 그건 내가 실험으로 보여줄게.

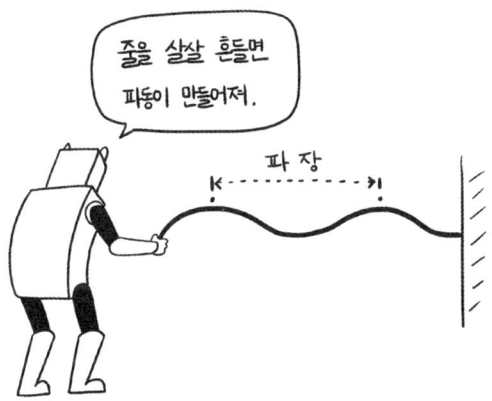

 코스피어 아하! 파동에서 제일 높이 올라간 곳들 사이의 거리가 파장이구나.

 코스캔 맞아. 지금은 줄을 살살 흔든 경우야. 코스큐브, 줄을 세게 흔들어봐.

 코스큐브 오케이.

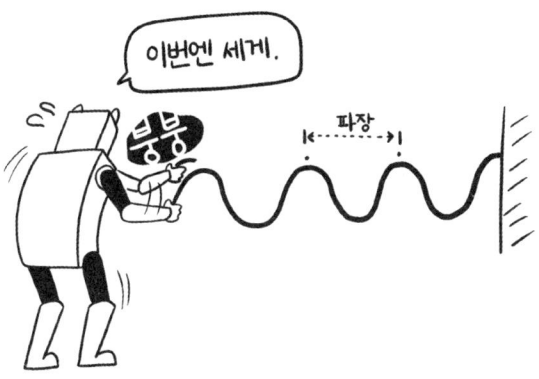

 줄을 세게 흔들면 파장이 짧아지는구나. 그런데 이거랑 주황색별이 빨갛게 보이는 거랑 무슨 관계가 있지?

 별에서 나오는 빛도 파동이야. 그런데 빛이라는 파동은 파장에 따라 다른 색깔이 돼. 파장이 제일 길 때 빨간색을 띠고, 파장이 점점 짧아지면 주황, 노랑, 초록, 파랑, 남색, 보라색으로 변해.

 아하! 그러니까 도플러 법칙에 따라 주황색별이 내는 빛이 지구에서 빨간색별로 관측되는 것은 파장이 길어졌다는 말이네. 그럼, 이건 안드로메다은하가 우리은하로부터 멀어지고 있다는 얘기구나.

 맞아. 이렇게 우리은하와 안드로메다은하 사이가 멀어진다는 것은 우주가 팽창하고 있다는 걸 증명하는 셈이지.

 1917년 아인슈타인은 우주는 팽창하지도 수축하지도 않는다고 주장했어.

 가만! 이제 머리가 안 아파. 역사 자료가 제대로 작동되고 있어. 코스피어말대로 아인슈타인은 변하지 않는 우주 모형을 주장했어. 하지만 우주가 팽창한다는 주장을 한 과학자들도 있었어. 아인슈타인의 우주 모형에 반기를 든 사람은 러시아의 천문학자인 프리드만과 벨기에의 신부 르메르트야. 두 사람은 우주의 크기가 달라져야 하며, 현재도 달라지고 있다고 주장했어. 프리드만은 1922년에 우주는 밀도가 아주 높은 상태에서 시작되어 점점 팽창하면서 밀도가 낮아졌다는 주장을 했고, 르메트르는 1927년 우주가 폭발로 시작됐다고 주장했어. 1929년 허블이 우리은하와 안드로메다은하가 서로 멀어진다는 것을 알아내자, 르메트르와 프리드만의 우주 모형이 옳은 것으로 인정되었지. 그 후 아인슈타인도 자신의 생각이 잘못되었다며, 프리드만과 르메트르의 우주 모형을 지지했어.

 코스큐브! 뭘 하고 있니?

 안드로메다은하에 있는 별들이 우리은하로부터 멀어지는 속력과 별과 우리은하 사이의 거리의 관계를 찾고 있어.

 어떤 관계가 있는지 찾았어?

 놀라운 결과가 나왔어. 별이 우리은하로부터 멀어지는 속력과 별과 우리은하 사이의 거리가 정비례해. 식으로 정리해볼게.

우리은하로부터 멀어지는 속력 = 비례상수 × 거리

그럼 이 식은 코스큐브의 법칙인가?

 과학자 허블이 처음 발견했으니까, 허블의 법칙이라고 해야 해. 그리고 비례상수도 허블상수로 부르는 게 좋겠어. 다시 식을 정리하자.

우리은하로부터 멀어지는 속력 = 허블상수 × 거리

 박사님 과제는 우주의 나이를 알아내라는 거잖아? 허블의 법칙으로 우주의 나이를 계산할 수 있어?

 실험해보면 알 수 있을 거야.

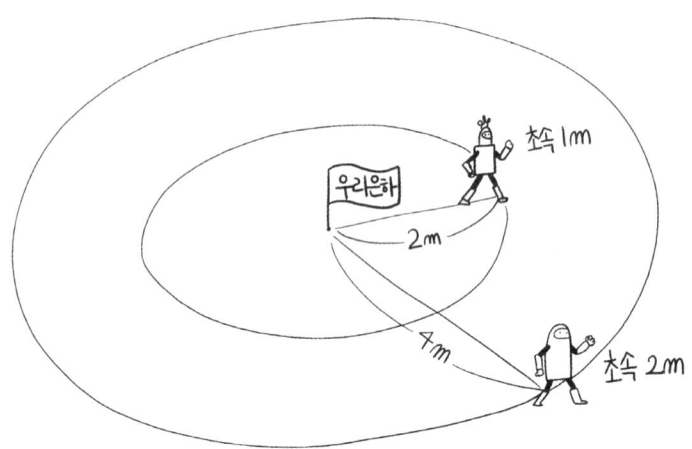

 우리은하에서 2미터 떨어진 곳에 있는 코스캔이 초속 1미터의 속력으로 우리은하로부터 멀어지고 있어. 그러니

까 4미터 떨어진 곳에 있는 코스피어는 초속 2미터로 우리은하로부터 멀어져야 해. 그러니까 허블의 법칙으로 계산하면 다음과 같이 식을 정리할 수 있어.

초속 1미터 = 비례상수 × 2미터
초속 2미터 = 비례상수 × 4미터

지금 이 실험에서 허블상수는 0.5가 돼. 코스캔! 코스피어! 이번엔 같은 속력으로 반대 방향으로 걸어가 봐.

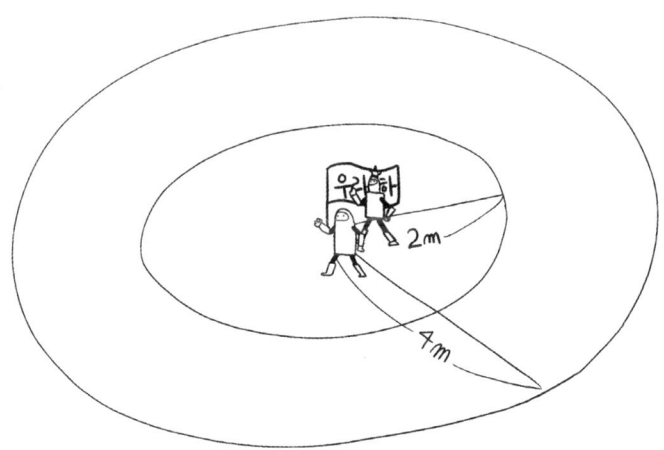

 코스피어와 내가 만났어.

 우주가 팽창하고 있다면 처음 우주는 한 점에서 시작해야 해. 너희들이 만나는 데 걸린 시간이 얼마니?

 난 초속 1미터로 2미터를 움직였으니까, 2초 걸렸어.

나도 초속 2미터로 4미터를 움직였으니까, 2초 걸렸어.

 너희들이 움직이는 데 걸린 시간이 현재 우주의 모습이 만들어질 때까지 걸린 시간이야. 여기서 2는 바로 1을 비례상수 0.5로 나눈 값이야. 그러니까 우리은하와 안드로메다은하에 대한 허블의 법칙에서 1을 허블상수로 나누어주면 그게 바로 우주가 한 점이었다가 지금 모습이 될 때까지 걸린 시간, 즉 우주의 나이가 되는 거야. 측정한 허블상수로부터 우주 나이는 약 138억 년이야.

 과제를 해결했어.

 이번 알파벳은 R A N 이야.

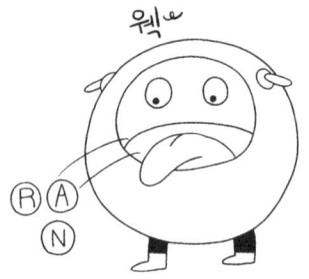

빅뱅, '큰 쾅' 이야기

 박사님에게 과제가 왔어. 이번에도 토론 과제야. "우주 진화에 대한 두 가지 이론을 설명하고, 현재 우주의 온도를 측정하여, 두 이론 중 어느 이론이 현재의 우주를 더 잘 설명하는지 토론해 과제로 제출하라."

 우주 진화에 대한 두 가지 이론? 나는 빅뱅 이론만 있는 줄 알았는데?

 빅뱅 이론, 그게 뭐지?

 우리 우주가 처음에 한 점에서 대폭발을 했다는 이론이야.

 왜 폭발했어?

 처음 우주가 너무 뜨겁고, 압력이 너무 높아서 폭발한 거야.

 느낌이 온다! 비유 실험 가능! 밤나무 숲으로 순간 이동!

코스피어 밤나무 숲은 갑자기 왜 온 거야?

 코스큐브 대폭발을 보여주려고.

 와우! 갑자기 밤이 왜 폭발한 거지?

 밤 속에 있던 수분이 뜨거워지면서 수증기로 변해서 그래. 수증기로 변할 때 압력이 높아지거든. 그래서 단단한 밤 껍질이 터지며 폭발을 한 거야. 우주의 대폭발도 이런 식으로 일어났어. 처음 우주의 모든 질량이 한 점에 모이고, 온도가 높아지면서 압력이 높아져 폭발을 했다는 게 바로 빅뱅 이론이야. 이 이론에 따르면 지금의 우주는 대폭발로 한 점에 모여 있던 질량들이 퍼지면서 생겼고, 커졌지.

 그러니까 폭발 후부터 서서히 팽창해서 지금의 우주 모습이 됐다는 거야?

 그렇지는 않아. 대폭발이 일어나고 곧, 우주는 갑자기 어마어마하게 커지는 인플레이션을 경험하게 돼.

 인플레이션은 경제학에서 나오는 용어인데.

 경제학에서는 인플레이션이 무슨 뜻인데?

 갑자기 물가가 어마어마하게 치솟는 걸 인플레이션이라고 불러.

 그럼 잠시 인플레이션을 알아볼까?

 아하! 우주가 갑자기 뻥튀기처럼 넓어져서 인플레이션이라고 부르는구나.

 맞아. 인플레이션이 끝나고도 우주는 조금씩 팽창을 해

서 지금 우주의 크기가 되었다는 게 빅뱅 이론이야. 빅뱅 이론은 가모프라는 물리학자가 처음 주장했어.

 빅뱅 이론 말고 또 다른 우주에 대한 이론은?

 그건 내가 조사했어. 영국의 물리학자 호일이 주장한 정상 우주론이 있어.

 그건 어떤 이론이지?

 우주가 한 점에서 빅뱅이 일어나 지금의 우주로 팽창해 온 것이 아니라, 우주의 모습은 한결같은 모습이라는 이론이야. 즉, 아주 옛날의 우주의 모습도 지금과 같은 모습이며, 앞으로도 우주는 영원히 지금과 같은 모습을 유지한다는 거야. 정상 우주론에 의하면 빅뱅이나 인플레이션 같은 일은 일어나지 않았어야 해.

 그럼 우주 나이가 몇 살인지 모르잖아?

 빅뱅 이론대로라면 우주의 나이는 138억 살이지만, 정상 우주론에 따르면 우주의 나이는 몇 살인지 도무지 알 수 없는 거지.

 빅뱅(Big Bang)은 도대체 무슨 뜻이지?

 Bang은 폭탄이 터질 때 나오는 소리를 나타내는 의성어야. 우리말로는 '쾅'과 같은 의미지.

 그럼 빅뱅은 우리말로 '큰 쾅'이구나. 빅뱅이라는 단어는 가보프가 처음 사용한 거야?

 그렇지 않아. 빅뱅이라는 단어는 정상 우주론을 주장한 호일이 처음 사용했어.

 아이러니하군.

 호일은 1949년 라디오 토크쇼에 출연해 우주가 팽창한다는 주장을 하는 과학자들을 비꼬려고 "우주의 팽창은 마치 커다란 생일 케이크 속에 들어 있던 여자가 '펑' 소리를 내며 갑자기 튀어나오는 것과 같군요." 라고 말한 이후부터 사용했다고 해.

 이제 우리는 두 이론 중에 어떤 이론이 현재 우주에서 일어나는 현상을 잘 설명하는지 알아봐야 해.

 어떻게 조사하지?

 빅뱅 이론대로라면 우주는 점점 차가워졌을 거야.

 그건 왜?

 빅뱅 이론에 따르면 우주는 점점 팽창하고 있어. 이렇게 우주가 팽창하면 우주의 온도는 내려가거든.

 지금 내가 계산했어. 빅뱅 이론대로라면 우주의 온도는 약 영하 270℃ 정도야.

 우주의 온도를 측정하면 게임이 끝나는 거네. 온도를 재 볼까?

 일반 온도계로는 이렇게 낮은 온도를 잴 순 없어. 우주에서 오는 빛의 파장을 측정해야 해. 빛의 파장과 온도는 서로 반비례하거든. 온도가 높으면 파장이 짧을 것이고, 온도가 낮으면 파장이 길거야. 만일 우주의 온도가 영하 270℃라면 우주에서 오는 아주 긴 파장의 빛이 우리에게 오고 있을 거야.

코스캔 모든 방향에서 오는 빛들에 대해 파장을 측정하면 되겠네. 만일 영하 270℃의 우주에서 오는 긴 파장의 빛이 발견되면 빅뱅 이론이 옳다는 증거가 되니까.

코스큐브 오케이. 모든 방향에서 오는 빛을 모으는 장치로 내가 변신할게.

코스큐브 음……, 이건 지구에서 온 빛이고 이건 태양에서 온 빛이고, 가만…….

코스피어 무슨 일이야?

코스큐브 갑자기 전파 수신이 안 돼.

코스피어 안티모스의 짓일 거야.

어떡하지?

 걱정 마. 방해 전파를 차단하는 프로그램을 작동할 거야. 오케이! 다시 전파가 수신되고 있어. 나왔어! 영하 270℃에 해당되는 파장의 빛이 발견되었어.

 빅뱅 이론이 옳았어.

 박사님으로부터 알파벳 구슬 도착 완료! D A S 네.

05

별! 넌 어떻게 사니?

 박사님이 별이 태어나는 곳으로 가서 별이 만들어지는 과정을 보고, 별의 죽음에 대해 토론하래.

 성간 물질이 뭉쳐지는 곳으로 가야겠네.

 성간 물질이 뭐지?

 성간은 한자로 쓰면 星間이야. 星은 '별 성'자이고, 間은 '사이 간'이야. 그러니까……

 별과 별 사이에 있는 물질이 성간 물질이군. 이럴 때는 한자의 뜻을 알고 나니, 이해가 금방 되네.

 성간 물질들이 모여서 별이 만들어져. 성간 물질 중에서 기체 상태의 물질을 성간 가스라고 부르는 데, 주로 수소야. 수소는 모든 원소 중에서 제일 가벼운 원소야. 성간 가스 외에 아주 작은 고체 입자를 우주 먼지라고 불러. 우주 공간에서 별과 별 사이에 존재하는 성간 가스와 우주

먼지를 합친 것을 성간 물질이라고 불러.

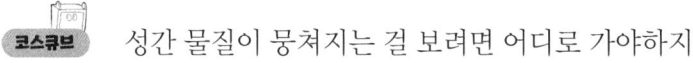 성간 물질이 뭉쳐지는 걸 보려면 어디로 가야하지?

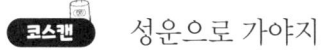 성운으로 가야지.

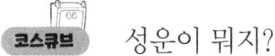 성운이 뭐지?

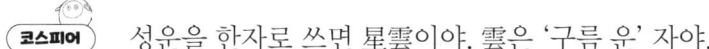 성운을 한자로 쓰면 星雲이야. 雲은 '구름 운' 자야.

 별 구름?

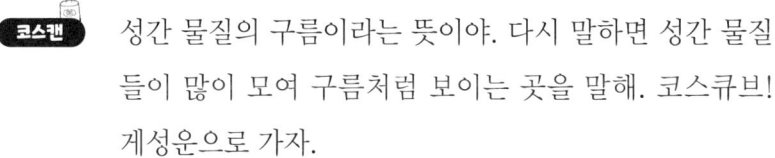 성간 물질의 구름이라는 뜻이야. 다시 말하면 성간 물질들이 많이 모여 구름처럼 보이는 곳을 말해. 코스큐브! 게성운으로 가자.

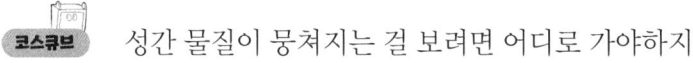 오케이! 우주 내비게이션 작동! 황소자리에 있는 게성운으로 순간 이동!

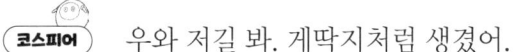 우와 저길 봐. 게딱지처럼 생겼어.

 그래서 게성운이군.

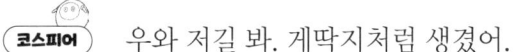 우와 저길 봐. 먼지와 가스가 한 곳으로 뭉치고 있어.

 별이 태어나는 중이야. 물질은 빈 곳에 모이려는 성질이 있거든. 그러니까 우주 공간을 떠돌아다니는 성간 물질들이 모여서 성운이 되고, 성운 속에서 빈 곳이 생기면 그곳으로 성간 물질들이 몰려들어 점점 부풀면서 별이 태어나는 거야.

 태풍이 만들어지는 거랑 비슷하네.

 맞아. 태풍은 적도 근처의 뜨거운 바다에서 발생하지. 뜨거운 태양이 내리쬐는 열대의 바다가 수온이 뜨거워지면서 주변의 공기가 데워지게 되지. 데워진 공기는 가벼워지면서 하늘로 올라가거든. 그러면 빈자리가 생겨 주변의 차가운 공기가 모여들고 또 데워져 올라가게 돼. 이런 과정을 반복하면서 하늘에 거대한 구름 덩어리가 생기고, 소용돌이치면서 태풍이 만들어지지.

 별이 만들어지는 과정을 이해할 수 있게 실험을 준비했어. 모두 실험실로 가자. 실험실로 순간 이동!

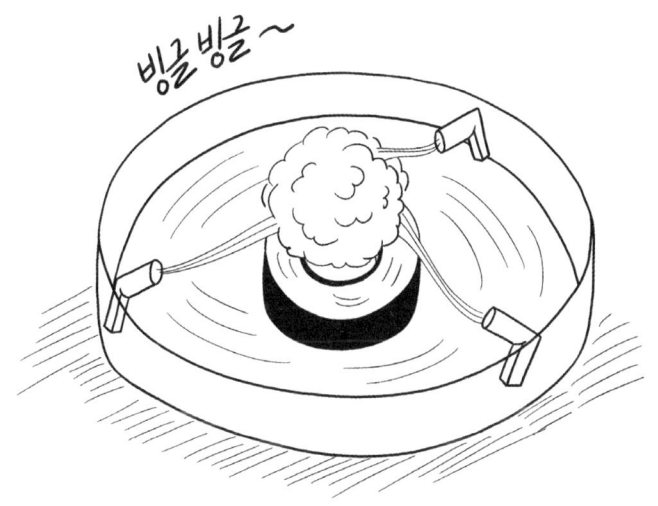

 솜사탕? 갑자기 솜사탕을 왜 만들어?

 솜사탕 총에서 솜이 발사되면 빙글빙글 도는 원판의 중심에서 솜들이 뭉쳐지는 거 보이지? 성간 물질을 솜이라고 생각하고 솜사탕을 별이라고 생각하면……, 어때?

 완벽해!

 성간 물질이 모여서 공 모양의 별이 되는 건 이제 이해했

어. 그런데 별은 뜨겁고 빛나잖아? 누가 뭉친 성간 물질에 불을 붙이는 것도 아닐 텐데…….

 저절로 불이 붙어.

 어떻게?

 숲에서 아주 건조한 날, 불을 붙이지 않아도 산불이 일어날 수 있는 것과 같아. 건조한 나뭇잎들이 서로 부딪치면서 마찰이 생기면 열이 발생해서 나는 현상이지. 성간 물질이 뭉쳐질수록 점점 뜨거워지거든.

 마찰 때문에?

 성간 물질의 주성분이 수소랬잖아. 수소 네 개가 달라붙으면 헬륨 원소가 되는데, 이때 열이 발생해. 열이 발생한다는 것은 빛이 나온다는 것과 같은 뜻이야. 열과 빛은 함께 나오니까. 이 열이 별을 뜨겁고, 빛나게 하는 에너지인 거지.

 아기가 성장해서 어른이 되듯 별도 점점 커지겠지?

 물론이야. 모든 별은 죽기 전까지 계속 커져. 커지면서 온

도는 점점 내려가 붉은 별이 되는 데, 이것을 붉은 거성이라고 불러.

 몸집이 큰 사람을 거인이라고 하듯이 큰 별을 거성이라고 부르는군. 그런데 왜 커지는 거지?

 코스큐브! 풍선을 불어봐. 코스큐브가 공기 튜브를 작동시켜 풍선에 공기를 넣고 있지? 풍선이 커지는 이유는 풍선 속에 채워진 공기들이 풍선 밖으로 탈출하려고 하기 때문이야. 풍선 속의 공기들이 탈출하려고 풍선에 점점 큰 압력

을 주니까, 풍선이 늘어나면서 풍선이 커지는 거야. 마찬가지야. 별 속에서 가스의 압력이 점점 높아지면서 별이 점점 커지는 거지. 태양은 수명이 100억 살인데 현재 나이는 50억 살이고, 90억 살까지는 점점 커지다가, 나중에는 수성과 금성을 삼켜버리고 지구 코앞에 태양이 있게 될 거야.

 태양의 수명이 100억 살인데 90억 살까지만 커지면, 남은 10억 년 동안 태양은 어떻게 되는 거지?

 모든 별은 최대 크기인 붉은 거성이 되었다가, 그때부터 죽음을 맞이하게 돼.

 죽는다는 게 무슨 뜻이지?

 별은 스스로 빛과 열을 내는 천체야. 별이 더 이상 빛과 열을 낼 수 없게 되는 거, 그게 바로 별의 죽음이야.

 왜 죽는 거지? 영원히 빛날 것 같은데.

 별 속에서 가벼운 원소들끼리 달라붙어서 무거운 원소로 변하면서 빛과 열이 나오는데, 수소와 같은 가벼운 원소들이 모두 사라지면 열과 빛이 발생하지 않게 돼. 그러면 별 속에서 가스의 압력이 작아지거든. 그럼 중력 때문에 별이 중심 쪽으로 쪼그라들게 돼.

 크게 불어놓은 풍선이 한참 시간이 지나면 쪼그라드는 것과 같은 원리군.

 맞아. 풍선 속의 공기가 밖으로 새어나가면서 풍선 속의 공기의 압력이 낮아져서, 원래의 모양으로 돌아가려는 힘에 의해 풍선이 쪼그라드는 것과 같은 이치지.

 별의 죽음에 대한 좋은 가상 실험이 떠올랐어. 모두 화면을 봐.

 무슨 사진이지?

 여섯 명의 어린이들이 인간 피라미드를 만든 모습이야. 어린이들은 자신의 팔 힘으로 무게를 지탱하며, 인간 피라미드를 만든 거지. 자! 이제 인간 피라미드를 만든 후 한 시간 뒤를 볼까? 사진 큐!!!

아이들의 팔 힘이 빠져서 인간 피라미드가 무너졌네.

 어린이들의 팔 힘을 별의 내부에 있는 가스가 밖으로 팽창하려는 힘에, 중력 방향으로 무너진 상황에서 지구의 중력을 별의 중력으로 비유한 거네!

 중력과 가스가 팽창하는 힘이 균형을 이뤄서 별의 모양이 유지되는 거군. 더 이상 별의 내부에 태울 가스가 없으면 중력 때문에 바깥쪽에 있는 물질들이 점점 안으로 끌려 들어가게 되면서 별이 쪼그라드는 거고, 그게 바로 별의 죽음인 거네.

 와우! 완벽한 정리!

 완벽한 가상 실험!

 별이 죽는 과정은 별의 질량에 따라 달라. 태양처럼 가벼운 별들은 중력에 의한 수축이 천천히 진행되어 나중에는 흰색을 띠는 죽은 별이 되는데, 이것을 백색왜성이라고 불러.

무거운 별은 어떻게 죽지?

 무거운 별에서는 중력의 수축이 굉장히 빠르게 진행돼. 너무 빨라서 일부는 우주 공간으로 흩어지면서 성운이 되는데, 이 모습이 마치 별이 폭발하는 것 같아. 이때 흩어진 성운에서 성간 물질들이 뭉쳐지면서 새로운 별이 만들어져. 이를 초신성 폭발이라고 불러.

 흩어지지 않은 부분은 어떻게 되지?

 그 부분을 중심핵이라고 부르는데, 남은 중심핵은 강한 중력을 가진 별이 돼. 이 별을 중성자별이라고 불러.

 중성자별?

 중성자로만 이루어진 별.

 중성자?

 모든 원자는 원자핵과 전자로 이루어져 있어. 원자핵 속에는 양의 전기를 띤 양성자와 전기를 띠지 않은 중성자가 살고 있어. 그 주위를 음의 전기를 띤 전자들이 돌고 있는 게 원자의 모습이야.

 그럼 별들은 양성자와 중성자, 그리고 전자로 이루어져 있겠네.

 맞아. 그런데 중력에 의한 수축 때문에 원자핵 속의 양성자와 전자가 만나게 되면서 둘은 중성자로 변해. 그래서 더 이상 양성자와 전자가 없이 중성자로만 이루어진 별이 되는데, 그게 중성자별이야.

 과제 완수! 이번 알파벳은 S I T.

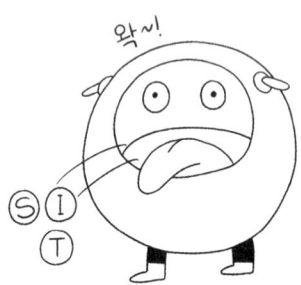

타임머신! 백 투 더 퓨처 2021

 오늘의 과제는 영화 제작이야. "타임머신의 원리에 대해 토론하고, 1985년에 개봉한 영화《백 투 더 퓨처》를 옳게 리메이크 하라."

 타임머신이라면……, 시간 여행이잖아?

 맞아. 우리가 흔히 하는 여행은 공간, 즉 장소를 바꾸는 거잖아. 하지만 타임머신으로 하는 여행은 시간을 바꾸는 거지.

 시간을 바꾼다고?

 응. 타임머신을 타면 현재를 기준으로 과거의 시간으로, 혹은 미래의 시간으로 이동할 수 있는 거지.

 코스피어! 타임머신에 관심이 많구나.

 H.G. 웰스가 쓴 『타임머신』이라는 소설을 감명 깊게 읽

었거든.

 그랬구나. 하지만 쥘 베른의 소설에서는 타임머신이 어떻게 작동하는지 잘 설명되어 있지 않아.

 타임머신의 원리를 말하는 거야?

 맞아. 시간 이동에는 두 종류가 있어. 과거로의 여행과 미래로의 여행. 그런데 이 두 여행은 원리가 달라.

 어떻게 다르지?

 미래로 가는 시간 여행은 간단해. 아인슈타인이 1904년에 발표한 상대성 이론에 따르면, 움직이는 사람의 시간은 정지해 있는 사람에 비해 천천히 흘러. 예를 들어, 정지해 있는 사람의 시간이 한 시간 흘렀을 때, 움직이는 사람의 시간은 1초가 흐를 수 있지. 이렇게 움직이는 사람은 정지한 사람의 시계를 기준으로 할 때 한 시간 미래로 간 셈이야. 움직이는 속력이 크면 클수록 그 차이는 더 커져. 그러니까 움직임의 속도에 따라 더 빨리 움직이면 더 먼 미래로 갈 수 있고, 천천히 움직이면 가까운 미래로 갈 수 있는 거지.

 우리는 매일 움직이는 데 왜 미래로 가지 않는 거지?

 너무 느리게 움직여서 그래.

 비행기를 탄 사람은 미래로 가는 거야?

 움직이면 무조건 미래로 가는 건 맞지만 비행기도 너무 느려서 너무너무 가까운 미래로 가니까 느낌이 없는 거지. 네가 0.01초 후의 미래로 여행했다고 해봐. 달라지는 걸 느낄 수 있니?

 그렇게 짧은 시간 후의 미래로 가봤자 변화가 없겠지.

 우리가 느낄 수 있는 한 시간 후, 하루 후, 일 년 후와 같이, 체감할 수 있을 만큼의 미래로 여행하려면 빛의 속력에 가까운 빠르기로 움직여야해. 하지만 인류의 기술은 아직 1초에 11킬로미터 정도 날아갈 수 있는 로켓의 속력이 거의 최대야. 이 속력은 1초에 30만 킬로미터를 날아가는 빛의 속력에 비해 너무너무 느려서 로켓을 타고 여행해도 1초도 안 되는 미래로 가게 되는 거야. 그러니까 미래로 갔다는 걸 거의 못 느끼는 거지.

 아하! 미래로의 시간 여행은 빨리 달리면 되는 구나.

 맞아. 타임머신을 소재로 한 영화 《백 투 더 퓨처》에서 주인공이 미래로 가기 위해 전기차에 번개 칠 때 발생하는 전기를 연결해 빛의 속력에 가까운 속력을 내는 장면이 나오지? 그 정도의 속력을 낼 수 있어야 시간 여행이 가능해지는 거지. 번개 맞은 차가 바로 미래로 가는 타임머신인 거지.

코스큐브 과거로의 시간 여행은 타임머신의 방향을 뒤로 가게 하면 되는 건가?

코스캔 차가 뒤로 가는 것은 공간에 대해 반대 방향이지 시간에 대한 반대 방향이 아니야. 차를 어떤 방향으로 달리게 해도 차에 탄 사람은 무조건 미래로만 가게 돼. 영화 《백 투 더 퓨처》에서 주인공이 전기차를 타고 과거로 가는 장면은 사실 옳지 않아.

코스큐브 과거로는 갈 수 없다는 얘기야?

코스캔 과거로 가려면 블랙홀로 들어가야 해.

코스큐브 블랙홀? 그게 뭐지?

코스캔 아인슈타인은 천체들의 중력 때문에 우주가 휘어진다고 생각했어.

코스큐브 트램펄린에 올라타면 트램펄린이 휘어지는 것과 같군.

코스캔 좋은 비유야! 트램펄린에 무거운 사람이 타면 더 많이 휘

지? 마찬가지로 중력이 큰 천체가 우주를 더 많이 휘게 해. 공 모양의 별의 중력은 질량이 클수록 반지름이 작을수록 커져. 그러니까 엄청나게 무겁지만 반지름이 아주 작은 천체는 중력이 너무 커서 우주를 엄청나게 많이 휘게 만드는 거지. 이렇게 중력이 엄청나게 큰 천체를 블랙홀이라고 해.

 블랙홀은 어떻게 만들어지는데?

 무거운 별이 죽으면 중성자별이 된다고 했잖아? 이 중성자별이 더 수축하면 무겁고 아주 작은 천체가 되는데, 이게 바로 블랙홀이야. 우주가 아주 많이 휘어지게 되게 되면 터널이 만들어지는데, 이것을 웜홀이라고 불러. 블랙홀은 중력이 너무 강해 주위의 물체들을 정신없이 빨아들이지. 이렇게 빨아들인 물체들이 웜홀이라는 터널을 통해 이동하지.

 초강력 진공청소기 같군.

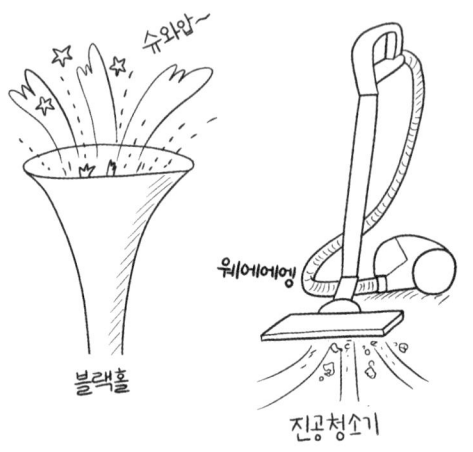

 웜홀이 존재하느냐, 하지 않느냐에 대해서는 과학자들 사이에서도 의견이 분분해. 아예 존재하지 않는 상상의 산물이라고 주장하는 과학자들도 있고, 설령 있다 하더라도 웜홀 속 중력이 너무 커서 우주선이 통과할 수 없다고 생각하지.

 웜홀을 통해 시간 여행이 가능하다면 어떻게 과거로 갈 수 있는 거지?

웜홀 여행이 가능하다고 믿는 과학자들은 웜홀의 입구인 블랙홀이 빙글빙글 돌면 원심력이 중력을 작게 만드는 역할을 해서, 큰 중력을 느끼지 않고 웜홀 속으로 들어갈 수 있다고 주장하고 있어.

 그래도 과거로 왜, 어떻게 가게 되는지 이해가 되지 않는데…….

 웜홀을 통해 과거로의 여행이 가능하다고 주장한 과학자는 중력파 발견으로 노벨물리학상을 받은 미국의 킵 손 교수야. 웜홀의 출구를 빛의 속력에 가까운 속력으로 멀리 움직였다가 다시 돌아오게 하면 웜홀 출구의 시간은 웜홀 입구의 시간보다 느리게 흐르니까, 웜홀의 출구는 웜홀의 입구에 대해 과거가 된다는 거야. 예를 들어 웜홀의 입구가 2021년이고 웜홀의 출구가 1592년이라면 웜홀을 통해 이순신 장군의 한산도 대첩을 볼 수 있는 거지.

 웜홀의 출구를 빛의 속력에 가깝게 멀리 보냈다가 되돌아가게 하려면 어마어마한 에너지가 필요할 텐데.

 맞아. 그런 점 때문에 과거로의 여행이 불가능하다고 믿는 과학자들이 있어.

 과거로 갈 수 있으면 좋을 거 같긴 한데, 과거로 갔다가 다시 현재로 오면 혼란이 있을 거 같아. 과거의 사실에 대

코스캔 한 미래의 결과를 알고 있으니까, 결과를 바꾸려고 할 거 같아.

코스캔 맞아. 과거로의 여행은 모순, 즉 어떤 사실에 대해 앞과 뒤가 맞지 않는 상황을 만들어내.

코스큐브 어떤 모순?

코스캔 '어머니의 역설'이라는 모순이야. 예를 들어, 만약 내가 시간 여행을 통해 태어나기 전으로 돌아가, 우연히 나의 엄마가 될 사람과 함께 차를 타고 가다 교통사고가 났어. 그래서 엄마가 사고로 죽었다면, 다시 현재로 돌아왔을 때 내가 존재할 수 있는가 하는 의문을 말하는 거야.

코스피어 엄마가 아빠랑 결혼하기 전에 돌아가셨으니까, 자식이 있을 수 없는 거 아닌가?

코스캔 그래서 역설이라고 부르는 거야.

코스큐브 이제 박사님의 과제를 수행하자.

코스피어 그건 걱정 마. 시나리오가 지금 막 완성되었거든. 영화 제목은 《백 퓨 더 퓨처 2021》이야

 과제 완수! 이번 알파벳은 T H E.

거대한 암흑 물질, 암흑에너지

 이 사진을 봐. 이상한 관측 결과가 나왔어.

 우와, 똑같은 은하가 여러 개야.

 크기도 같고, 색깔도 같아.

 쌍둥이 은하들이네. 은하는 주로 쌍둥이로 태어나?

 그건 아니야. 사진에 보이는 네 개의 은하는 하나의 은하가 네 개로 촬영된 것뿐이야.

 어떻게 그런 일이 가능하지?

 은하와 지구 사이에 거대한 암흑 물질이 있어서 그래.

 암흑 물질이 뭐지?

 우주를 구성하는 질량을 가진 천체들 중에서 스스로 빛을 내는 천체를 밝은 물질이라고 하고, 질량은 가지고 있지만 스스로 빛을 내지 못하는 천체를 암흑 물질이라고 불러.

 별이나 은하는 밝은 물질이고, 지구와 같은 행성이나 달과 같은 위성은 암흑 물질이구나.

 암흑 물질이 있으면 하나의 은하가 네 개로 찍혀?

 암흑 물질의 중력이 우주 공간을 휘어지게 하고, 이렇게 휘어진 공간에서 은하의 빛이 휘어지기 때문이야.

 빛은 직선으로 이동한다고 배웠는데······.

빛은 두 지점 사이를 시간이 제일 적게 걸리도록 이동하거든. 우주가 휘어지지 않았다면, 두 지점 사이에서 시간이 제일 적게 걸리는 길은 직선이지. 하지만 중력 때문에 우주가 휘어지면, 빛은 두 지점 사이의 시간이 제일 적게 걸리는 길로 이동하는데, 이때는 직선이 아니라 곡선을 따라 빛이 이동하지. 그러니까 빛이 야구의 커브 볼처럼 휘어지는 거야. 태양 주위에서 오는 빛을 봐. 우주가 휘어지지 않으면 빛은 직선을 따라 지구로 올거야. 그런데 태양의 중력 때문에 우주가 휘어지는데, 이때 빛이 지구로 오는 가장 시간이 적게 걸리는 시간이 길은 곡선이 돼.

 와우! 빛이 정말 휘어져 지구로 와.

 빛이 휘어지는 건 알겠는데, 왜 같은 은하가 여러 개로 보이는 지 잘 모르겠어.

그건 우리가 빛이 꺾여서 오거나 휘어져서 올 때 원래 빛이 온 곳을 못 보고 마지막으로 빛이 온 방향에서 빛이 온 것처럼 느끼기 때문이야. 빛이 꺾이는 현상을 굴절이라고 하는데, 그것도 한번 실험해볼게. 우선 수조와 동전을 준비해서 수조 바닥에 동전을 놓아둬봐. 어때, 동전의 위치를 정확히 알 수 있지?

 수조 바닥에 있는 동전의 위치가 당연히 잘 보여.

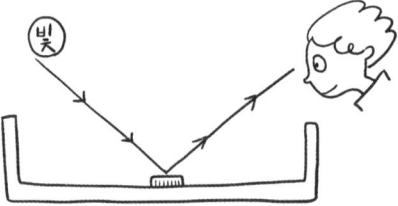

 이제 수조에 물을 채워봐. 빛은 공기 중에 있다가 물을 통하게 되면 굴절이 일어나거든.

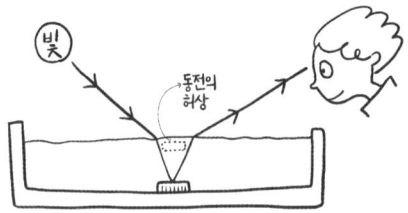

 물을 채우기 전의 모습과 달라.

 그래. 이건 빛과 동전 사이에서 빛이 물을 만나 우리는 실제 위치에 있는 동전을 보는 게 아니라 마지막으로 빛이 온 방향의 연장선에 동전이 있는 것처럼 보게 되는 거지. 즉, 동전이 실제 위치보다 더 위에 있는 것처럼 보이겠지. 이렇게 실제 위치가 아닌 곳에서 보이는 동전의 모습을 실제 동전의 허상이라고 불러.

 아하! 그러니까 암흑 물질 때문에 은하에서 나온 빛이 여러 방향으로 휘어지니까, 우리가 은하를 봤을 때 여러 개의 은하의 허상을 보게 되는 구나. 그래서 사진처럼 같은 은하가 여러 개 찍히게 되는 거고.

 그런데 우주여행에 대해 궁금한 게 있어.

 뭐가?

 안드로메다은하까지의 거리가 250만 광년이고, 광년은 빛이 일 년 동안 간 거리니까, 안드로메다은하까지는 빛의 속력으로 가도 250만 년이나 걸릴 텐데…….

 맞아. 빛은 굉장히 빨라. 빛의 속력으로 여행할 수 있다면 달까지는 약 1초 정도 걸리고, 해왕성까지도 가는 데도 약 네 시간 정도면 돼. 하지만 우주는 굉장히 커서 빛의 속력으로 가더라도 우주의 구석구석을 여행하려면 엄청나게 오랜 시간이 걸릴 거야. 하지만 과학자들은 우주여행 시간을 단축시킬 수 있는 방법을 알아냈어.

 그게 뭐지?

 워프 드라이브라는 기술이야.

 빛보다 빠를 수가 없는데, 어떻게 여행 시간을 줄인다는 거지?

 워프 드라이브는 우주선 앞과 뒤의 시공간을 다르게 휘게 하면서 여행하는 방법이야. 우주선의 앞쪽의 시공간은 수축시키고 뒤쪽의 시공간은 팽창시키는 거지. 늘어난 시공간이 우주선의 뒤를 밀고 수축한 시공간이 우주선의 앞부분을 끌어당기면서, 우주선이 우주의 시공간을 초광속으로 여행할 수 있게 만드는 기술이지. 아직은 이론적으로만 가능한 얘기지만 말이야.

 파도의 힘에 의해 돛단배가 저절로 움직이게 하는 거랑 같은 이치구나. 돛단배의 앞부분은 파도의 내리막 부분을 만들고 돛단배의 뒷부분은 파도의 오르막 부분을 만들면서 말이야.

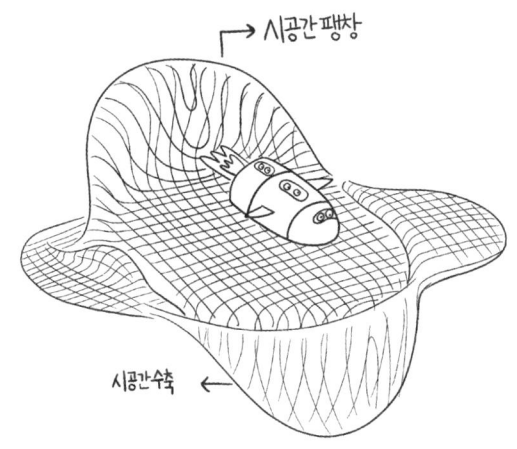

 이렇게 우주선 앞뒤의 시공간이 달라지면 우주선 안에 탄 사람들의 몸에 나쁜 영향을 주진 않아?

 워프 드라이브에서 우주선이 있는 곳은 시공간이 변하지 않기 때문에 우주선 조종사들에게 부작용은 없어.

 현재의 방법으로 7만5천 년 걸리는 알파 센타우리까지 워프 드라이브를 이용해 가면 2주 만에 갈 수 있어.

 과제 완수!
이번 알파벳은 P O I.

평행 우주, 우리 우주의 미래

 우주는 영원히 팽창해?

 만일 우주에 암흑 물질이 없다면, 우주는 영원히 팽창하게 될 거야. 밝은 물질들에 의한 중력만으로는 우주의 팽창을 멈추게 할 수 없거든. 그러면 지구 주변에는 아무 것도 없어서 허허벌판이 될 거야.

 밝은 물질의 양이 적어서 그렇구나.

맞아. 하지만 우주에는 밝은 물질 말고도 큰 질량을 가진 암흑 물질들이 있어. 그러니까 암흑 물질과 밝은 물질의 질량을 더하면 밝은 물질만 있을 때보다 중력이 더 커지지. 과학자들은 암흑 물질의 양이 충분히 많다면 우주가 어느 정도 크기까지만 팽창하다가 다시 수축할 거라고 생각하지.

 우주가 밝은 물질과 암흑 물질로 이루어져있다면, 두 물질은 서로를 잡아당기는 중력만 작용하니까 우주의 천체들은 서로 달라붙어야 하는 거 아니야? 그런데 왜 우리은하랑 안드로메다은하가 점점 멀어지는 거지?

 그건 암흑 에너지 때문이야.

 그건 뭐지?

 암흑 에너지는 우주 공간에 널리 퍼져있고, 천체들을 밀어내는 역할을 해. 우주를 팽창시키는 에너지야.

 암흑 에너지는 천체 사이를 멀어지게 하고, 밝은 물질과 암흑 물질은 천체 사이를 가까워지게 하는 구나.

 암흑 에너지의 양은 어느 정도인데?

 우리 우주에서 밝은 물질은 전체의 4.9퍼센트를 차지해.

나머지는 암흑 물질 또는 암흑 에너지야. 그 나머지 중 68.3퍼센트가 암흑 에너지야.

 암흑 에너지가 제일 많군.

 그렇다면 우리 우주의 미래는 어떻게 되는 거지?

 그건 암흑 물질과 암흑 에너지의 양에 따라 달라. 암흑 물질의 양이 너무 적으면 암흑 에너지의 영향이 커져서, 우주는 점점 더 빠르게 팽창하지. 이렇게 되면 우주의 온도는 내려가게 되고, 우주의 천체들은 모두 움직이지 못하고 멈추게 돼. 이것은 마치 꽁꽁 얼어버린 우주처럼 되었다는 뜻에서 빅프리즈(Big Freeze) 또는 빅칠(Big Chill)이라고 불러.

 암흑 물질의 양이 충분히 많으면 빅프리즈는 일어나지 않겠네?

물론이야. 암흑 물질의 양이 많아지면 우주는 점점 수축하지. 대폭발과 반대로 온 우주가 다시 한 점으로 되거든. 이렇게 한 점으로 우주가 수축하는 것을 빅크런치(Big Crunch)라고 불러. 우리말로는 대함몰이라고 해.

 궁금한 게 있어.

 뭐가?

 우주에는 우리 우주 하나뿐인가? 은하가 여러 개인걸 보면 우주도 여러 개일 것 같은데.

 우주가 여러 개 있을 수 있다는 이론이 바로 다중 우주 이론이야. 다중 우주 이론에 대해서도 과학자들 사이에서 의견이 달라. 믿는 과학자도 있고 그렇지 않은 과학자도 있지. 다중 우주 이론에는 여러 가지가 있는데, 먼저 누벼 이은 다중 우주 이론(Quilted Multiverse)이 있어.

 누벼 입어?

 공간이 무한하다면, 우리 우주의 모습과 비슷하거나 같은 모습을 가진 또 다른 우주가 수없이 많이 존재할 수 있다는 이론이지. 마치 헝겊 쪼가리를 누벼 입은 옷처럼 말이야.

또 다른 다중 우주 이론으로는 영원한 인플레이션 이론이야. 지금 이 순간에도 어디에선가 빅뱅이 일어나고, 그 후 인플레이션이 일어나면서 우주가 탄생하고 있다고 생각하는 이론이지.

 잠깐, 박사님 과제가 왔어. 평행 우주에 대한 영화 시나리오를 만드는 게 우리의 과제이야.

 평행 우주는 뭐지?

 평행 우주는 다중 우주 이론에서 나왔어. 평행 우주는 평행 세계(Parallel World)라고도 불러. 우주가 무한히 많다면, 우리 우주와 다른 어떤 우주에 똑같이 생긴 사람이 존재할 수 있다는 거지. 평행 우주 가설에 따르면 모든 사람들은 서로 다른 우주에서 무한한 삶을 살고 있어. 어떤 사람이 한 우주에서는 부자이고, 다른 우주에서는 거지일 수 있지. 또 어떤 우주에서는 죽을 수도 있고, 다른 우주에서는 살아있을 수도 있다는 게 바로 평행 우주 가설이야.

 박사님 과제를 해결해야지.

 평행 우주에 대한 영화 시나리오 완성!

[투모로 랜드 2021]

[1] 아버지는 집에서 발명가, 딸 케이시는 과학 소녀,
학교가는 길에 떨어지는 슈퍼맨 마크가 있는 만년필
만년필 뚜껑을 열자 이상한 세계로 간 케이시, 날아다니는 기차와 공중에 떠 있는 건물들

[2] 케이시는 자신과 똑같이 생긴 소녀 케이시 2 발견
케이시가 그녀에게 다가가 그녀의 몸을 만지려 하자
케이시 2: 우린 접촉하면 안 돼. 너와 나는 서로 다른 평행 우주에서 사는 서로 다른 케이시야.
케이시: 우리가 쌍둥이야?
케이시 2: 우리 둘의 유전자 염기서열은 같지만 쌍둥이랑은 달라. 우주가 무한히 많다보니, 우연히 유전자 염기서열이 같은 사람이 존재하는 거지. 하지만 우리는 부모도 다르고, 우리가 살아온 인생도 달라.

[3] 공중 부양 사무실에 전파 안테나 옆에서 케이시에게 말하는 닉스 총독
케이시 2: 저기는 모니터라고 부르는 곳이야. 투모로 어스를 지배하는 곳이지.

[4] 만년필에 붙은 타이머 0:00으로 줄어들더니, 다시 지구로 온 케이시.

[5] 거리에 대형 전광판을 통해 전 세계 방송되는 지구 종말론 뉴스
   뉴스 속의 주인공은 바로 닉스 총독
   닉스 총독: 나는 너희 우주와 평행 우주에 있는 투모로 어스 총독이다. 이 우주에
           서의 일 년은 너희 우주에서 2년에 해당해, 우리의 문명이 너희 우주
           의 문명의 두 배로 발전되어 있다. 투모로 어스의 앞선 기술력으로 너
           희들이 살고 있는 지구를 파괴하겠다. 너희들의 지구는 썩어가고 있
           기 때문이다. 이제 48시간 후에 지구는 파괴될 것이다.
[6] 갑자기 사람들이 약탈과 폭력을 일삼고 흥분하기 시작
   케이시: 맞아. 모니터의 전파 안테나를 부숴야 해.

[7] 그때 케이시 앞에 슈퍼맨 마크가 있는 만년필이 다시 나타난다.
   만년필에 붙어 있는 타이머의 숫자가 10:00을 가리키면서 반짝 거린다. 케이시
   가 만년필 뚜껑을 열자, 다시 투모로 어스로 가게 된다. 그리고 케이시 2를 다시
   만난다.

[8] 케이시 2: 양자 이동 방법으로 내가 평행 우주 사이를 여행할 수 있는 만년필을 다시 보냈어.
케이시: 이제 닉스 총독이 지구를 파괴하는 걸 막아야 해. 우리 우주의 지구와 평행 우주인 너희 우주의 지구는 공존할 수 있어.

[9] 케이시와 케이시2가 닉스 총독이 있는 모니터로 날아오르자, 닉스 총독이 로봇을 보내 두 사람의 접근을 막는다.

[10] 바닥에 떨어진 케이시 2가 다시 날아오르자, 이번에는 모니터에서 쏜 레이저 빔을 맞고 다시 바닥에 떨어지는 케이시 2.
케이시2: 이제 나는 곧 죽을 거야. 하지만 너는 죽지 않아. 너와 나의 삶과 죽음 양자역학적으로 얽혀 있어. 나의 죽음은 너의 삶을 보장해 줄 거야. 저 뒤로 돌아가면, 로프가 있어. 로프 갈고리를 모니터에 던지고, 줄을 타고 올라가. 닉스 총독의 약점은 뒤통수에 있는 붉은 점이야. 그 부분을 맞으면 닉스 총독은 힘을 못 쓰게 될 거야. 그의 부하 로봇들도 작동하지 않을 거고. 이렇게 말하고 케이시 2는 눈을 감는다.

[11] 케이시는 케이시 2가 가르쳐준 대로 로프를 던져 모니터에 연결하고, 줄을 타고 조심스럽게 올라간다.
[12] 이를 눈치 못 챈 닉스 총독,

[13] 이미 모니터 원반에 도착한 케이시.
   닉스 총독이 채 뒤를 돌아보기 전에 닉스 총독의 뒤통수에 있는 붉은 점을 향해 레이저 총을 쏜다.
[14] 닉스 총독이 비명을 지르고 쓰러지고, 로봇들이 모두 폭발한다.

[15] 케이시는 준비해온 폭탄을 전파 안테나에 설치하고 줄을 타고 다시 내려가 정신없이 뛴다.
[16] 잠시 후 모니터가 폭발하고, 케이시는 만년필의 뚜껑을 닫고 자신의 우주로 돌아온다.

[17] 대형 전광판에서는 지구의 대기가 점점 맑아지고 있고 온난화 현상도 약화되고 있다는 좋은 뉴스가 들린다.
[18] 케이시 2의 얼굴을 떠올리면 속으로 "케이시2 고마워. 네가 우리 우주의 지구를 구했어." 라고 말한다.

- THE END

과제 완수! 이번 알파벳은 S O N.

 지금까지 나온 알파벳을 모두 모으면 다음과 같아.

ⓅⓇⒺⓅⒶⒾⓇⒶⓃⒹⒶⓈⓈⒾⓉⓉⒽⒺⓅⓄⒾⓈⓄⓃ

 무슨 뜻이지?

 띄어쓰기를 해보자.

ⓅⓇⒺⓅⒶⒾⓇ ⒶⓃⒹ ⒶⓈⓈⒾⓉ ⓉⒽⒺ ⓅⓄⒾⓈⓄⓃ

 POISON? 독을 준비하고 도와라? 이게 무슨 뜻이지? 잠깐, ASSIT 이건 스펠링이 틀렸는데…….

 이것도 암호문이야. 3의 배수만 밑줄을 그어 볼게.

 밑줄 그은 알파벳만 모으면 'EINSTEIN' 이야.

 그래, 우리가 찾는 과학자는 바로 아인슈타인이야!

 수고했다. 이로써 너희 삼총사는 우주에 대한 모든 과제를 완수했다. 질문 있어?

우주에 대해 본격적으로 연구하고 싶어요. 어떻게 해야 호킹이나 아인슈타인이나 펜로즈와 같은 훌륭한 우주과학자가 되나요?

 우주과학자라기 보다는 천체물리학자라고 하는 표현이 더 옳아. 천체물리학은 관측을 주로 하는 학자와 수학을 이용해 이론을 만드는 학자가 있어. 두 분야 모두 우주를 연구하는 데 필요한 사람들이지.

 저는 관측을 더 잘 하고 싶은데요.

 관측을 하는 천문학자는 기계에 익숙해져야 해. 그리고 어떻게 하면 더 좋은 망원경을 설계할 수 있는지에 관심을 가져야하지. 우주는 너무 크기 때문에 먼 우주에서 오는 희미한 빛을 관측하려면, 엄청나게 해상도가 높은 망원경을 설계해야 하거든.

 나는 이론에 관심이 많아요.

 천체물리학 이론을 전공하려면 우선 전문적인 물리학이나 수학을 배워야 해. 가능하면 물리학과 수학을 함께 공부할 수 있는 대학으로 가서 공부하면 좋겠지. 영국의 케임브리지 대학에서는 수학과 물리학을 동시에 배울 수 있어. 나도 대학은 물리학과를 나왔지만, 대학 시절에 수학을 상당히 많이 배웠어. 천체물리학 이론을 배우려면

아인슈타인의 방정식을 공부해야 하는데, 휘어진 공간에서의 기하학이라 부르는 리만 기하학을 배워야 하거든. 그래서 수학을 아주 많이 공부해야 했지. 물론 대학에 가기 전에도 초등학교나 중학교, 고등학교에서 수학을 좋아해야 하고, 수학을 이용해 식을 세우는 것을 즐겨야 훌륭한 이론 분야의 천체물리학자가 될 수 있어. 2021년에 블랙홀 이론으로 노벨물리학상을 받은 로저 펜로즈도 수학 천재 소리를 들을 정도로 수학을 잘하는 물리학자이고, 죽은 스티븐 호킹의 머릿속에서도 엄청난 수준의 수학 계산이 이루어졌지.

 지금부터 이 세상 모든 수학에 대해 학습해야지.

 좋은 생각이구나!

 그럼 나는 우주에 관한 이론에 대한 역사를 다큐멘터리로 제작을 해야겠어.

 그래. 코스피어와 같은 로봇도 필요하지. 아무튼 너희 세 로봇이 힘을 합쳐 학습하고 토론하면 내가 알려 준 과제 말고도 우주에 대해 훨씬 더 많은 걸 알게 될 거야. 그렇게 되면 이 넓은 우주에서 아무도 너희들을 따라 올 수 없을 거다.

Project III. 우주의 미래

우주 진화에 관한 이야기는 조금 어렵긴 하지만, 가장 많이 관심을 보이는 분야입니다. 블랙홀, 웜홀, 타임머신, 평행우주 등 아주 신기한 내용들이 많이 있습니다. 수학으로 이 내용을 설명하는 것은 물리학과 대학원에서 입자이론 물리학을 전공하는 사람들에게 가능합니다. 하지만 여러분들에게는 수학이 없어도, 물리학을 몰라도 블랙홀, 워프, 타임머신 등을 자유자재로 이용할 수 있는 능력이 있습니다. 바로 무궁무진한 우주의 공간을 상상하는 것이지요. 잘못된 상상은 없습니다. 실현 불가능한 상상의 나래일지라도 꼭 메모해두세요. 실현 불가능했던 상상이 현실이 되기도 하니까요. 미래의 여러분이 더 많은 공부를 하면서 초등학생 시절에 꿈꿔왔던 상상이 잘못되었다는 것을 스스로 알아내는 것 또한 여러분에게 큰 도움이 될 수 있답니다.

에필로그

갑자기 성림원북스의 사장님으로부터 전화가 왔습니다. 지금의 시대의 어린이들을 위한 주제별 과학책 시리즈를 내 보자는 제의를 하셨지요. 최근 호킹 블랙홀 연구로 바쁜 나는 잠시 망설여졌습니다. 어린이들을 위한 책을 150여 권 썼지만, 10여 년 동안 연구에 집중하느라 책을 집필하지 않아서, 조금 자신이 없어서였습니다.

사장님의 권유로 용기를 내어 초등학생들을 위해, 새로운 주제별 과학시리즈의 첫 권인 우주에 대한 책을 기획하게 되었습니다. 혼자서 많은 고민을 했습니다. 과거에 내가 썼던 책들과 성격이 다르고, 이 시대의 초등학생들이 좋아할 책을 써야할 텐데……. 이런 저런 고민 끝에 나는 사장님에게 웹툰이 이끌고 가는 방식을 택하고, 그림 작가가 주인공이 되고 글 작가인 내가 조연이 되자고 제의하였습니다. 그리고 내가 존경하는 화가 이화 씨를 웹툰 작가로 강력하게 추천했습니다.

뭔가 다른 책이 되어야한다는 마음에 나는 어린이 책 최초로 주제가를 만들어 보자고 했고, 사장님은 좋은 생각이라며 동의했습니다. 평소 취미로 곡을 만들고, 라이브 바에서 노래를 부르는 나는 책의 전체 내용을 아우를 수 있는 가사를 써보았습니다. 나에게는 첫 도전이었습니다. 가사가 좋다는 지인들의 말에 용기를 내었지만, 나의 실력으로 곡을 만들 수는 없었습니다. 그러던 중 소개받은 천재 음악 프로듀서 김바나나(바나나코)에게 작곡을 의뢰하게 되었고, 맑은 목소리를 가진 제자 김예은 양에게 노래를 불러줄 것을 요청했습니다. 마침내 세계 최초로 어린이 과학책 주제가가 탄생하게 되었습니다.

이 책은 정말 많은 사람들이 새로운 시도를 하려고 노력했습니다. 그래서인지 평소 글을 빠르게 쓰는 나에게도 엄청 긴 시간이 소요되었답니다. 계속 새롭게, 새롭게 라는 말을 되뇌며, 원고를 고치고, 또 고치고…… 그러기를 수십 번. 비로소 이 시리즈의 첫 권인 우주에 관한 원고를 마칠 수 있었습니다. 초등학생이 소화할 수 있고 재미와 의미를 느낄 수 있는 내용을 담아, 상상력을 키워줄 수 있는 책이 될 수 있도록 최선을 다했습니다.

이제 다시, 다음 책은 더 멋지게 써야지 하는 생각으로, 연구와 집필 시간의 균형을 맞추며, 즐거운 마음으로, 어린이와 같은 마음으로 오늘을, 하루하루를 살아갑니다.

♪ 138억 년 우주의 비밀을 벗겨라 ♪

작사　정완상
작곡　김바나나
노래　김예은

1. 태양돛을 타고가자 공짜로 여행하자 solar sail
　편안하게 쉬어보자 중력을 만들어보자 space ship
　뿡뿡뿡 방귀 뀌며 우주로 날아가요 rocket go
　외계인과 친구하자 함께 사는 우주에서 ET call

2. 곰보투성 달세계 엘리베이터를 타자 crater bomb
　노란 구름 금성에서 황산비를 조심하자 venus sail
　화성에서 스키타자 드라이아이스 피우며 marsion show
　고리 예쁜 토성에서 폭풍심한 목성까지 saturn hoop

　동글동글 코스피어
　네모 반듯 코스큐브
　동글 길쭉 코스캔
　138억년 우주의 비밀을 벗겨라
　신비로 가득 찬 아름다운 우주에서
　꿈과 희망 모두 싣고 우주여행 떠나볼까
　우리들만 살기에는 너무 넓은 우주에서
　지구 닮은 행성으로 우주여행 떠나볼까

〈랩〉 우주는 너무 너무 넓지 cosmos is huge
　　 우주는 자꾸 가고 싶지 cosmos is voyage
　　 우주는 너무 황홀하지 cosmos is fantasy
　　 우주는 매일 달라지지 cosmos is change
　　 우주는 뭔지 모르겠지 cosmos is mystery

3. 애기우주 응애응애 순식간에 펑 터지네 big big bang
　　 무럭무럭 우주 커져 너무너무 추워졌어 hubble show
　　 빛조차도 휘어져요 어두워 안보여요 dark matter
　　 다른 우주 놀러가요 웜홀로 퐁당 빠져 black hole

동글동글 코스피어
네모 반듯 코스큐브
동글 길쭉 코스캔
138억년 우주의 비밀을 벗겨라
신비로 가득 찬 아름다운 우주에서
꿈과 희망 모두 싣고 우주여행 떠나볼까
우리들만 살기에는 너무 넓은 우주에서
지구 닮은 행성으로 우주여행 떠나볼까